의식상승시리즈 18

영생의 비밀
죄사함과 거듭남

우데카 지음

 빛의생명나무

4부. 죄사함의 비밀

5부. 구원에 이르는 길

하늘의 약속이 신성한 이유

하늘은 인간의 눈에 보이지 않습니다.
하늘은 인간의 과학 기술로는 발견할 수 없습니다.
하늘의 존재를 과학적 추론으로 증명할 수도 없습니다.

하늘은 누군가가 대신 찾아줄 수 있는 것이 아닙니다.
하늘은 하늘을 찾는 사람에게만 보입니다.
하늘은 하늘의 존재를 인정하는 사람에게만 보일 뿐입니다.
하늘은 하늘의 존재를 믿는 사람에게만 보일 뿐입니다.

하늘은 인간의 눈높이에서 일하지 않습니다.
하늘은 하늘 스스로 정한 길을 갈 뿐입니다.
하늘은 누구만을 위한 그런 하늘은 존재하지 않습니다.
하늘은 우리 모두의 하늘로 존재할 뿐입니다.

하늘은 인간과 약속을 통해 일하지 않습니다.
하늘은 인간과 거래를 통해 일하지 않습니다.
하늘은 인간과 조건을 걸고 일하지 않습니다.

하늘은 인간과 협상을 통해 일하지 않습니다.
하늘은 인간과 대화를 통해 일하지 않습니다.

하늘은 당신의 영혼과 한 약속을 통해 일합니다.
하늘은 오직 하늘에서
당신의 영혼과 한 약속을 통해 일합니다.
하늘은 오직 하늘에서
당신의 영혼과 약속한 프로그램 안에서만 일을 합니다.

하늘은 하늘과 당신의 영혼 사이에 이루어진 약속을 통해 일합니다.
하늘과 당신의 영혼 사이에 이루어진 약속이 있기에
당신은 지금 지구 행성에 태어나 살 수 있는 것입니다.

하늘과 영혼들 사이에 이루어진 약속은 신성합니다.
땅위에 살고 있는 모든 생명체는
하늘과의 신성한 약속이 있었기에
생명체의 몸을 받아 살아갈 수 있는 것입니다.

하늘과 영혼들 사이에 이루어진 약속은 신성합니다.
이 약속이 대우주의 법칙이며
이 약속이 대우주의 사랑이며
이 약속이 창조주의 언약이기 때문입니다.

하늘은 당신의 영혼과 한 약속을 지키기 위해
최선을 다하고 있습니다.
하늘은 당신의 영혼과 한 약속을 지키기 위해
참 많은 에너지를 당신에게 사용하고 있습니다.

하늘에서 당신의 영혼과 한 신성한 약속이 있기에
당신은 그만큼의 지분이 하늘에 있는 것입니다.
하늘에서 당신의 영혼과 한 신성한 약속이 있기에
당신의 영혼이 물질 체험을 통한
영혼의 진화를 할 수 있는 것입니다.

하늘은 땅에 살고 있는 인간에게
약속을 통해 일하지 않습니다.
하늘은 땅에 태어나 살고 있는
인간의 본영과의 약속의 범위 내에서만
당신의 삶에 개입할 수 있을 뿐입니다.

하늘은 땅에 살고 있는 당신과의 밀약을 통해 일하지 않습니다.
하늘은 당신의 본영과 약속한 프로그램을 집행하는 기관입니다.

하늘은 인간의 소원을 들어주기 위해 존재하지 않습니다.
하늘은 당신의 기도를 들어주기 위해 존재하지 않습니다.
하늘은 당신의 영혼과 한 약속을 지키기 위해 존재합니다.

하늘은 당신의 영혼과 한 약속을 지킬 수 있기에
하늘이 하늘다운 것입니다.

하늘의 약속이 신성한 이유는
하늘과 당신의 본영 사이에 이루어진 약속은
하늘 스스로가 정한 그 길이 되는 동시에
대우주가 존재하는 이유가 되는 것입니다.

하늘과 거래하려고 하지 마시기 바랍니다.
하늘의 일을 하는데 조건부로 일하려는
하늘과 딜을 하려는
당신의 의식을 전환시키시기 바랍니다.

하늘을 향해 함부로 서약이나 맹세를 하지 마시기 바랍니다.
하늘은 인간의 맹세를 믿지 않습니다.
하늘은 인간의 눈물을 믿지 않습니다.
하늘은 인간의 약속을 믿지 않습니다.
하늘은 당신의 영혼이 한 약속을 더 믿기 때문입니다.

하늘이 존재하는 이유는
당신의 영혼과 하늘 사이에 한
약속을 집행하기 위해서입니다.

하늘의 약속이 신성한 이유는
당신의 영혼과 하늘 사이에 한 약속이
하늘이 일하는 방식에 의해
한 치의 오차없이 지켜질 수 있도록
매순간 최선을 다하고 있기 때문입니다.

하늘의 약속이 신성한 이유는
당신의 영혼과 한 약속을 집행하기 위해
하늘은 가슴을 닫은 채
매순간 최선을 다하고 있기 때문입니다.

하늘의 약속이 신성한 이유는
하늘과 영혼들 사이에 한 약속이
대우주의 사랑의 법칙 속에 있기 때문입니다.

하늘의 약속이 신성한 이유는
창조주와 영혼들 사이에 이루어진
약속이기 때문입니다.

하늘의 약속이 신성한 이유는
모든 영혼은 창조주의 자녀이며
모든 영혼은 창조주의 분신이기 때문입니다.

모든 약속은
창조주의 의식 속에서 출발했기 때문입니다.
모든 약속은
창조주의 사랑 속에서 출발했기 때문입니다.

모든 약속은
대우주의 순리 속에 있기 때문입니다.
모든 약속은
대우주의 법칙 속에 있기 때문입니다.

인류의 건승을 빕니다.

2020년 8월

우데카

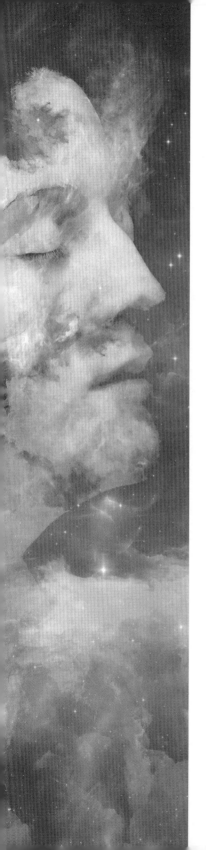

제1부

영혼과 카르마

지금은 아무것도 기억할 수 없지만

당신의 세포 하나하나에는

당신이 우주에서 카르마를 짓던 그 에너지들이

차곡차곡 쌓여 있습니다.

지구 행성에서 이 시대를 살고 있는 모든 영혼들은

자신이 지은 카르마만큼의 무게를 지고 살고 있습니다.

영혼의 진화

모든 영은 창조주의 의식으로 창조되었습니다.
모든 영은 사고조절자와 진리의 영과
거룩한 영으로 구성되어 있습니다.

영이 탄생되는 것을 창조주의 제1조물작용이라 합니다.
영혼이 탄생되는 것을 창조주의 제2조물작용이라 합니다.
영혼백이 탄생되는 것을 창조주의 제3조물작용이라 합니다.

사고조절자의 특성에 따라 영의 우주적 신분이 결정됩니다.
사고조절자의 특성에 따라 영의 특수성이 결정됩니다.

사고조절자 내부는 나뭇가지처럼 구성되어 있습니다.
사고조절자 내부는 나뭇가지마다
수많은 석류 열매가 매달려 있으면서
불빛이 반짝이는 영역이 있습니다.
사고조절자 내부에 있는 석류 열매 같은 것을 자세히 보면
석류알 같은 반짝이는 장치들이 무수히 많이 장착되어 있습니다.

사고조절자 내부에 석류알 같은 모양을 가지고 있으며
빛나고 있는 하나하나는
창조주께서 그 영에게 부여한 정보가 저장되어 있습니다.

사고조절자 내부에서 반짝반짝 빛나는 것을
선천적 사고조절자라고 합니다.
사고조절자 내부에서 반짝반짝 빛이 나는 영역이 80%
어두운 영역이 20%로 구성되어 있는 영들을 천사라고 합니다.

창조주를 보좌하기 위해 탄생한 영들을 천사라고 합니다.
대우주를 경영하기 위해 탄생한 영들을 천사라고 합니다.
하늘에서 하늘의 행정적 업무를 위해 최적화된 영들을
천사라고 합니다.

천사들에게 부여된 사고조절자는 매우 특수합니다.
천사들 중에는 하늘의 행정업무와 육화를 동시에 할 수 있도록
창조된 영들이 있습니다.

사고조절자 내부에서 반짝반짝 빛이 나는 영역이 많은 영일수록
육화를 할 수 있도록 창조된 영입니다.
사고조절자 내부가 밝고 빛나는 영역이 많은 영들은
창조주를 대신하여 창조주의 의식을 땅에서 펼치는 역할을 위해
특별한 목적을 가지고 탄생한 천사들입니다.

영혼들이 항성이나 행성에서 물질 체험을 할 수 있도록
물질문명의 매트릭스를 설치하기 위해 특별하게 탄생한
육화 전문 천사그룹들을 하강하는 영혼이라고 합니다.

영혼들이 항성이나 행성에서 물질 체험을 할 수 있도록

정신문명의 매트릭스를 설치하기 위해 특별한 목적을 가지고 탄생한
육화 전문 천사그룹들을 하강하는 영혼이라고 합니다.

하늘에서 죄를 지어 카르마를 해소하기 위해
행성으로 쫓겨난 천사들을 하강하는 영혼이라고 합니다.

천사들은 빛나는 영역 80%를 통해
하늘의 업무를 수행하거나 땅에 정보를 전하기 위해
육화를 하게 됩니다.
천사들의 어두운 영역 20%는 경험을 통해 채워 넣어야 합니다.

사고조절자 내부에 빛나는 영역이 20%
어두운 영역이 80%인 영들을
일반 영혼 또는 상승하는 영혼들이라고 합니다.
일반 영혼들은 선천적 사고조절자 20%를 기반으로 하여
80%의 영역을 영혼의 물질 체험을 통해서 채워 넣어야 합니다.

비유적으로 설명하면
일반 영혼으로 처음 탄생될 때를
6차원 1단계 흰빛 영혼이라하며 밀가루 1g에 해당됩니다.

일반 영혼들은
대기 중의 공기인 원소에서부터
영혼의 물질 체험을 시작합니다.

밀가루 1g을 가루 하나 하나로 쪼개어
대기 중에 있는 원소의 형태로
2백만 년 동안 진화를 하게 되면 2g이 됩니다.

비유적으로 설명하면 영혼이 진화하여 밀가루 2g이 되면
일반 영혼들은 광물에 들어갈 수 있습니다.
원소정령으로 2백만 년을 진화하면 4g이 됩니다.

영혼이 진화하여 4g이 되면 식물의 몸에 들어갈 수 있습니다.
영혼이 밀가루 4g 정도는 되어야
식물의 몸에 있는 무형의 시스템들을 가동할 수 있습니다.
식물의 몸에 들어가 2백만 년을 진화하면 밀가루 6g이 됩니다.

비유적으로 설명하면 영혼이 6g은 되어야
미생물의 몸에 들어갈 수 있습니다.
6g의 밀가루 하나 하나를 분화하여 미생물의 몸에 들어가
2백만 년을 진화하면 9g이 됩니다.

영혼이 9g은 되어야
낮은 단계의 동물의 몸에 들어갈 수 있습니다.
동물의 몸에 9g으로 2백만 년을 진화하면 12g이 됩니다.

영혼이 진화하여 12g은 되어야
비로소 인간의 몸을 얻을 수 있습니다.

영혼이 진화하여 36g은 되어야
12차원의 물질세계를 졸업할 수 있습니다.

영혼이 진화한다는 것은
영혼이 탄생될 때 사고조절자 안에 비워둔 80%를
영혼의 물질 체험을 통해 채워가는 것을 말합니다.

영혼이 진화한다는 것은
선천적 사고조절자를 부여받은 천사들이 땅에 펼쳐 놓은
다양한 물질 매트릭스들을
영혼의 물질 체험을 통해 채워가는 것을 말합니다.

영혼이 진화한다는 것은
영혼이 탄생될 때 사고조절자 안에 비워둔 80% 공간에
다양한 영혼의 외투를 입고 영혼의 물질 체험을 하면서
자신만의 후천적 사고조절자를 채워가는 것을 말합니다.

창조주께서 대우주에 펼쳐 놓은
다양한 물질문명과 정신문명들을 경험하면서
영혼이 탄생될 때 사고조절자 안에 비워둔 80% 공간에
자신만의 후천적 사고조절자를 채워가는 과정을
우주에서는 영혼의 진화라고 합니다.

모순의 가치

영혼의 물질 체험을 하는 영혼의 진화를 위해
하늘이 인간의 몸에 의도적으로 모순을 심어 놓았습니다.
이것을 천라지망(天羅地網)이라고 합니다.

인간이 태어나는 순간
생명이 탄생되고 의식이 탄생되는 순간에
인간의 몸에 새겨 놓은 천라지망 또한 작동됩니다.

하늘은 인간의 마음의 밭에 진리의 씨앗을 심어 놓았습니다.
하늘은 인간의 마음의 밭에 욕망의 씨앗을 심어 놓았습니다.
진리의 씨앗과 욕망의 씨앗은 하늘이 뿌린 대로 자라게 됩니다.
진리의 씨앗과 욕망의 씨앗은 인간이 가꾸는 대로 자라게 됩니다.

진리의 씨앗은 하늘을 보며 자랍니다.
진리의 씨앗은 빛을 보고 자랍니다.
진리의 씨앗은 생명체의 향락을 통해 열매를 맺습니다.

욕망의 씨앗은 땅을 향해 뿌리를 내립니다.
욕망의 씨앗은 어둠을 보고 자랍니다.
욕망의 씨앗은 생명체의 쾌락을 통해 열매를 맺습니다.

진리의 씨앗이 존재하기 위해서는
반드시 인간의 욕망이 있어야 합니다.
진리의 씨앗이 성장하기 위해서는
반드시 인간의 욕심이 있어야 합니다.
진리의 씨앗이 열매를 맺기 위해서는
반드시 인간의 욕망이 절제되고 가꾸어져야 합니다.

하늘이 심어 놓은 진리의 씨앗을 하늘의 마음이라 합니다.
하늘이 심어 놓은 욕망의 씨앗을 사람의 마음이라 합니다.

인간의 마음 속에는
하늘의 마음과 사람의 마음이 서로 공존하고 있습니다.
인간의 마음 속에는
하늘의 마음과 사람의 마음이 뒤섞여 있습니다.
이것이 불완전한 인간의 실체입니다.
이것을 하늘이 선물한 천라지망 또는 모순이라고 합니다.

인간의 삶에 모순이 있기에 영혼은 진화할 수 있습니다.
인간의 삶에 모순이 있기에 인간의 의식은 확장할 수 있습니다.
인간에게 모순이 있기에 인간의 삶은 다양할 수 있습니다.

인간에게 의도적으로 하늘이 심어 놓은 모순이 있기에
길고 짧음이 있는 것이며
높고 낮음이 있는 것입니다.

인간에게 하늘이 심어 놓은 모순이 있기에
다양한 사람들이 다양한 생각들을 가질 수 있습니다.
인간에게 하늘이 심어 놓은 모순으로 인하여
옳고 그름을 논하는 정의가 생겨날 수 있습니다.
인간에게 하늘이 심어 놓은 모순이 있기에
우주적 신분이 서로 다른 영혼들끼리
우주의 계급장을 내려놓고 함께 공존할 수 있습니다.

인간에게 하늘이 심어 놓은 모순이 있기에
인간은 인간끼리 모여 숲을 이루고 사회를 이룰 수 있는 것입니다.
인간에게 하늘이 심어 놓은 모순이 있기에
인간이 잠재력과 창의력을 최대한 끌어낼 수 있는 것입니다.
인간에게 하늘이 심어 놓은 모순이 있기에
인간은 자연 환경과 사회 환경에 적응하는 방식의 차이가 나기에
영혼의 물질 체험을 다양하게 체험할 수 있는 것입니다.

인간에게 하늘이 심어 놓은 모순을 해결하기 위해
인간은 하늘을 찾게 되며
하늘에 복을 구하고 기도를 하게 됩니다.
인간에게 하늘이 심어 놓은 모순을 해결하기 위해
인간은 자신의 소원을 잘 들어주는 종교를 만들었으며
인간은 자신의 기도를 들어주기 위해 존재하는
종교를 만들었습니다.

인간에게 하늘이 심어 놓은 모순을 해결하기 위해

인간은 자신들의 입맛에 맞는 신을 창조하였습니다.
인간에게 최고의 신은 자신의 기도를 잘 들어주는 신이며
인간에게 최고로 높은 신은 자신의 기도를 잘 들어주는 신입니다.
인간에게 하늘이 심어 놓은 모순을 해결하기 위해
인간은 자신들의 의식의 눈높이에 맞고
자신들의 입맛에 맞는 하늘을 창조하였습니다.

인간에게 하늘이 심어 놓은 모순이 있기에
인간의 삶은 고되고 힘이 듭니다.
인간의 삶이 고되고 힘든 만큼
당신은 삶을 통해 철이 들어가는 것이며
당신의 의식은 삶을 통해 확장할 수 있는 것이며
당신의 영혼은 삶을 통해 진화할 수 있는 것입니다.

인간에게 하늘이 심어 놓은 모순을 해결하기 위해
모순과 마주하고
모순의 핵심을 찾아내고
타인의 모순을 옳고 그름없이 판단없이 지켜볼 수 있을 때
당신은 하늘 사람이 되는 것입니다.

인간에게 하늘이 심어 놓은 모순을 해결하기 위해
몸부림치며 자신의 삶을 치열하게 살아갈 때
타인의 모순을 보고 선과 악의 가치 기준으로
판단하지 않고 지켜볼 수 있을 때
모순 속에 숨어있는 순기능을 인지할 때

아무도 모르게 아무도 모르게
하늘의 빛이 들어와 모순을 극복하게 되는 것이
하늘이 일하는 방식입니다.

하늘이 설치한 모순은 하늘의 빛이 들어오는 문입니다.
하늘이 설치한 모순 속에는
그 모순을 설치할 수밖에 없는 하늘의 뜻이 숨겨져 있습니다.
하늘이 인간에게 설치한 모순으로 인하여
인간의 삶은 치열한 생존의 삶의 여정을 담을 수 있습니다.
인간에게 설치한 모순은 삶의 체험을 풍부하게 합니다.
인간에게 모순이 있기에 삶은 축복이 됩니다.
인간에게 모순이 있기에 삶은 하늘의 선물이 될 수 있습니다.
인간에게 모순이 있기에 삶의 체험은 깊어질 수 있습니다.

인간의 모순을 통해서 삶의 숨결이 영혼에게 전달됩니다.
모순은 하늘이 땅에 설치한 천라지망입니다.
모순은 차별의식과 평등의식의 싹을 틔우게 합니다.
모순은 정의를 불러들입니다.
모순은 옳고 그름의 선악을 불러옵니다.
모순은 가치의 논쟁을 불러옵니다.

모순은 하늘이 인간의 몸에 설치한 천라지망입니다.
모순은 비판이나 비난의 대상이 아닙니다.
모순은 쓸모있고 쓸모없고의 대상이 아닙니다.
모순은 인간이 피할 수 없는 숙명입니다.

모순은 자기와의 치열한 싸움을 하는 사람들에겐
성취를 통해 맛볼 수 있는 행복과 의식의 성장을 선물합니다.

한 사람의 모순 속에는
그 사람이 헤쳐가야 할 길이 담겨 있습니다.
한 집단의 모순 속에는
그 집단이 극복해야 할 숙제가 담겨 있습니다.
한 나라의 모순 속에는
그 나라가 해결해야 하는 운명이 담겨 있습니다.
한 행성의 모순 속에는
그 행성의 진화의 방향과 행성의 운명이 담겨 있습니다.

모순이 있기에 존재하는 모든 것에는 존재의 이유가 있습니다.
모순과 마주하며
모순과 치열하게 싸우며 극복하는 것이
생명체의 옷을 입고 당신이 살아가고 있는 이유입니다.

모순의 끝에서 한계 상황 속에서 모순과 치열하게 마주했을 때
모순은 창조의 힘을 불러오게 될 것입니다.
모순을 극복한 사람만이 진정한 자유를 얻게 될 것입니다.
모순을 극복한 민족만이
모순을 극복한 국가만이
모순을 극복한 행성만이
생명체가 누릴 수 있는 자유와 행복을 얻을 수 있을 것입니다.

하늘이 인간의 몸에 심어 놓은 모순을 통하여
인간은 자신을 진정으로 사랑하는 법을 배울 수 있으며
인간은 타인의 모순을 이해하고 포용할 수 있게 됩니다.

하늘이 인간의 몸에 새겨 놓은 모순을 마주하는 사람에게는
하늘로 통하는 좁은 문이 열려있음을 전합니다.
하늘이 인간의 몸에 새겨 놓은 모순과 함께하는 사람에게는
하늘의 선물이 준비되어 있음을 전합니다.

하늘은 모순을 통하여
삼라만상의 만물을 낳고
삼라만상의 만물을 기르며
삼라만상의 만물을 열매 맺게 합니다.

이것이 하늘이 일하는 방식이며
이것이 하늘이 존재하는 이유입니다.

인류의 건승을 빕니다.

창조주의 제1조물작용
영靈의 탄생

영의 탄생은 신성하고 거룩한 것입니다.
영의 조물은 창조주의 의식을 부여하는 것입니다.
영의 탄생은 또 하나의 창조주가 탄생하는 것입니다.

영의 조물은 창조주의 의식이 부여되는 것이기에
창조주만이 가능한 독자적 권한입니다.
영의 조물은 창조주의 자녀가 탄생되는 것입니다.
영의 조물은 창조주로부터 영에게
천부인권(天賦人權)이 부여되는 신성한 순간입니다.

영의 조물은
창조주의 의식이 어떻게 구현될지가 결정되는 시기입니다.
창조주께서는 직접 물질 체험을 하고 싶었으나
높은 빛의 진동수로 인하여 그렇게 할 수 없기에
영을 창조하여 물질세상에 뛰어놀게 하였습니다.
영혼들을 탄생시켜 창조주의 의식 속에서 뛰어놀게 하였습니다.
영혼백을 통해 생명체의 몸을 입고
창조주의 가슴 속에서 뛰어놀게 하였습니다.

영을 창조하고 영을 탄생시키는 조물작용을 통해
창조주의 꿈은 실현되는 것입니다.

영혼의 물질 체험을 통해
생명체들이 느끼고 체험하는 모든 것들을 통해
창조주의 꿈은 실현될 수 있습니다.

영의 조물과정은 다음과 같습니다.

영의 사고조절자가 만들어지면서
영의 설계도(지도)가 나오게 됩니다.
영의 설계도에 따라 진리의 영과 거룩한 영을 조물하게 되는데
사고조절자는 의식의 핵심 중에 핵심이 됩니다.

진리의 영과 거룩한 영은
사고조절자를 발현시켜줄 보조 장치와 같습니다.
따라서 사고조절자가 의식으로 구동될 수 있도록
진리의 영과 거룩한 영의 조물이 이루어집니다.

진리의 영은 빛의 투과율로 그 특성이 결정되고
거룩한 영은 빛의 회전으로 그 특성이 결정됩니다.
이 작업은 매우 섬세한 작업으로
진리의 영과 거룩한 영이 다 만들어지고 나면
그 가운데 핵처럼 사고조절자가 들어가게 됩니다.

영의 조물은 창조주의 권능이며 특권입니다.
천시원에 이 업무를 내려준 것은
우주가 팽창하고 진화하면서 진동수가 높아지는 어느 시점에

자미원에서 차원이 낮은 일반영과
자미원에서 특수한 영을 만들 때
오류를 줄이고 업무 효율을 높이기 위해
천시원에 영을 조물하는 일의 위임이 있었습니다.

창조주께서 영의 설계도를 천시원에 주면
천시원에서 영의 설계도에 따라 영을 조물하게 됩니다.
영의 설계도는 자미원에서 설계가 이루어집니다.
자미원에서 미래에 필요한 영들의 설계도를 만들고
우주의 주기마다 필요한
미래의 특수영을 계획하고 설계가 이루어집니다.

영은 16차원의 천시원에서 창조됩니다.
영은 창조주의 권한을 위임받은 대영 그룹에 의해 창조됩니다.
영은 지역 우주 창조주들의 요청에 의해 창조됩니다.
영은 지역 은하의 빛의 진동수에 최적화된 영들이 탄생됩니다.

천시원에서 창조되는 영은
일반영과 특수영으로 구분되어 창조됩니다.
일반영은 은하나 행성에 배치되어 영혼의 물질 체험을 하는
상승하는 영혼들을 말합니다.
특수영은 은하나 행성의 관리자로 배치되는 영단 관리자나
차원 관리자 그룹을 말하며
이들을 하강하는 영혼들이라 합니다.

18차원의 하늘을 자미원이라 합니다.
자미원에서 창조되는 영이 있습니다.
자미원에서는 창조주에 의해 지역 우주 창조주들이 탄생됩니다.
자미원에서는 창조주에 의해 18차원의 특수한 영들이 창조됩니다.

무극의 세계에서 창조주의 권한을 위임받은 관리자들에 의해
영이 탄생되는 과정을 창조주의 제1조물작용이라 합니다.
무극의 세계에서 창조주에 의해 특수한 영들이 탄생되는데
이것을 창조주의 제1조물작용이라 합니다.

영은 3가지의 창조주의 에너지로 구성되어 있습니다.
영은 진리의 영과 거룩한 영과
사고조절자로 구성되어 있습니다.
영을 구성하고 있는 에너지들은
진동수가 가장 높은 창조주의 빛입니다.

창조주의 제1조물에 의해 영의 우주적 신분이 결정됩니다.
창조주의 제1조물에 의해 영의 특성이 결정됩니다.
창조주의 제1조물에 의해 영혼의 진화방향이 결정됩니다.

18차원에서 하는 일은 대우주를 경영하는 것입니다.
그 중에서 가장 중요한 것이 영을 탄생시키는 일입니다.
창조주의 영의 조물 설계도에 의해
정밀하고 세밀한 작업을 통해 천시원에서 탄생됩니다.

창조주의 제1조물 내용과 방향에 따라
창조주의 제2조물 내용과 방향이 결정되며
창조주의 제3조물에서 세부적인 삶의 프로그램의
내용과 방향이 결정됩니다.

진리의 영은 자신의 고유한 에너지 스펙트럼을 가지고 있습니다.
일반영과 특수한 영의 에너지 스펙트럼이 서로 다릅니다.
거룩한 영은 자신의 고유한 에너지 스펙트럼을 가지고 있습니다.
일반영과 특수한 영의 에너지 스펙트럼이 서로 다릅니다.
사고조절자 역시 자신만의 에너지 스펙트럼을 가지고 있습니다.

창조주의 제1조물작용은
사고조절자가 제일 먼저 조물이 이루어집니다.
진리의 영의 구조와 특성이 그 다음으로 조물됩니다.
조물된 진리의 영과 거룩한 영의 특성에 맞추어
마지막으로 사고조절자가 부여됩니다.
이와 같은 방식에 의해 탄생된 영은
똑같은 영은 없으며
영마다 고유성과 개체성을 보장받게 됩니다.

진리의 영과 거룩한 영과 사고조절자가 결합되는
스펙트럼의 에너지 영역에 따라 영의 특성이 결정됩니다.
진리의 영과 거룩한 영과 사고조절자가 결합되는
에너지의 비율에 따라 영의 특성이 결정됩니다.

천시원에서 창조되는 영들은
은하의 특성에 맞는 에너지들을 조합하여 탄생됩니다.
네바돈 은하에서 영의 여행과 영혼의 여행을 하는 영들은
네바돈 은하가 가진 고유한 특성을 가지고 있습니다.
안드로메다 은하에서 영의 여행과 영혼의 여행을 하는 영들은
친시원에서 창조될 때부터 안드로메다 은하가 가진
고유한 특성을 가지고 있습니다.

천시원에서 창조주의 제1조물작용에 의해 창조된 영들은
각 행성의 특성에 맞는 에너지들을 배합하여
행성 맞춤형으로 탄생되어
우주 함선들에 의해 5차원 영단으로 배송이 이루어집니다.

영이 탄생되는 원리에 대해
정리의 필요성이 있어
기록의 필요성이 있어
우데카 팀장이 이 글을 남깁니다.

창조주의 제2조물작용
영혼靈魂의 탄생

창조주의 제1조물작용에 의해 영이 탄생됩니다.
창조주의 제1조물작용에 의해 탄생된 영의 특성에 따라
창조주의 제2조물작용에 의해 영혼이 탄생됩니다.

창조주의 제1조물작용에 의해 탄생한 영의 조물 설계도에 따라
창조주의 제2조물작용에 의해
11차원에서 영과 혼이 결합한 영혼의 탄생이 이루어집니다.
창조주의 제1조물작용에 의해 탄생한 영의 진화 방향에 따라
영혼의 물질 체험을 주관하는 11차원에서 영혼이 탄생됩니다.

영이 생명체의 몸을 얻기 위해서
반드시 영은 혼이라는 외투를 입어야 합니다.
영이 혼의 옷을 입는 과정을
창조주의 제2의 조물작용이라 합니다.

16차원에서 탄생한 영은 혼과의 결합을 위해
자신이 배치되어야 할 은하로 이송됩니다.

해당 은하를 관리하는 11차원의 관리자에게
영의 정보가 전달됩니다.

영의 정보는 영의 차원, 소속 지파, 진화의 경로,
물질 체험의 여정 등이 있으며 정보는 매우 광범위합니다.
영이 우주 함선들에 의해 배송될 때
우리의 바코드처럼 영 단위로 라벨이 존재합니다.
11차원에서는 이 라벨을 접수하여
영에게 배속될 최적화된 혼을 선별합니다.

혼 에너지는 17차원 지역 우주 창조주의 지시에 의해
각 은하의 11차원에서 탄생됩니다.
탄생된 혼 에너지에는 혼의식 매트릭스, 혼의식 프로그램 등이
전혀 설치되어 있지 않습니다.
컴퓨터로 비유하면 운영체제(OS)가 깔려 있지만
소프트웨어는 전혀 없는 백지에 가까운 컴퓨터로 보면 됩니다.
컴퓨터의 기종과 성능이 다양하듯
혼 에너지에 다양한 혼의식 매트릭스와 혼의식 프로그램이
소프트웨어처럼 설치되어
다양한 혼의 모나드 의식을 구현할 수 있는 혼이 탄생됩니다.

혼 에너지는 해당 은하에 최적화되어 창조됩니다.
은하별로 혼 에너지의 파장과 특성은 다릅니다.
대우주에 존재하는 은하의 수만큼
혼 에너지가 가진 기본 스펙트럼은 매우 다양합니다.
동일한 은하 내에서도 항성계마다
혼 에너지의 스펙트럼이 조금씩 다릅니다.

영과 혼의 결합이 이루어지는 창조주의 제2의 조물과정은
매우 중요한 우주의 행사입니다.
영혼의 탄생은 생명체의 정체성이 확립되는 순간입니다.
영의 진화 방향과 영의 진화 목적에 최적으로 부합되도록
영에 최적화된 혼의 선택이 이루어지며 영혼이 탄생됩니다.

영이 혼을 선택하고 영과 혼이 결합하면 영혼이 탄생됩니다.
영과 혼이 결합하여 영혼이 되는 절차는
정교한 우주 공학적 기술에 의해 진행되어 영혼이 탄생됩니다.
영혼의 진화여정에 맞게 최종적으로 혼의식 매트릭스와
혼의식 프로그램이 결정됩니다.

제2조물작용은 혼의 탄생과 부여,
영혼의 탄생과 영혼이 체험해야 할 삶의 프로그램 계획,
카르마 생성과 해소 계획,
봉인의 설정과 해소 계획,
큰 도면과 작은 도면의 조합,
큰 그림과 작은 그림의 결합,
다양한 색채가 조화를 이루면서
예술가가 혼신의 힘으로 작품을 만들어내듯
영혼이라는 훌륭한 예술작품 하나가 탄생하는
축복의 순간입니다.

제2조물작용으로 탄생한 영혼은
물질 세상에서는 성격과 개성으로 드러나게 됩니다.

같은 상황에서도 더 유쾌한 사람이 있고
같은 내용도 더 유머러스하게 전달하는 사람도 있습니다.
제2조물작용으로 탄생한 영혼은
물질 세상에서는 그 사람의 사회성에 많이 관련되어 있습니다.

윤회란 창조주의 제2조물작용을 통하여
인생의 다양한 윤회 프로그램을 가지고
다양한 성격을 가지고 진행되는 영혼의 물질 체험을 말합니다.

혼의식 프로그램의 다양화에 따라
영혼의 물질 체험을 더 다양하게 체험하면서
영혼의 진화가 이루어지고 있습니다.
제2조물작용을 통해
혼의식의 다양한 프로그램을 통해
영의식과 혼의식이 서로 반응하면서
영도 혼도 같이 진화하게 됩니다.
제2조물작용은 영의 진화 프로그램에 따라
혼에 다양한 조물이 이루어지면서 영혼의 진화가 이루어집니다.

영이 탄생되고 영의 진화 방향이 결정나고
생명체의 외투가 결정나면
11차원에서 창조주의 제2조물작용이 이루어집니다.
장미꽃과 오동나무와 같은 외투를 입는 영혼의 조물의 과정과
멸치와 오징어와 같은 외투를 입는 영혼의 조물과정은
많이 다릅니다.

식물과 동물들의 제2조물과정들은
인간에 비해 복잡하지 않습니다.
식물들과 동물들에게 이루어지는 창조주의 제2의 조물작용과
창조주의 제3의 조물작용은 자동화 프로그램에 의해 진행됩니다.

인간의 몸을 받기 위해서는
복잡한 창조주의 제2의 조물작용을 거쳐야만 합니다.
11차원에서 일어나는 제2의 조물작용은 다음과 같습니다.

첫번째
영의 특성에 따라 영의 진화 방향에 따라
영혼의 윤회 프로그램에 따라
혼 에너지가 영과 결합하여 영혼이 탄생합니다.

혼은 영의 파트너입니다.
영이 양(陽)이라면 혼은 음(陰)입니다.
영은 영의식을 구현하며 혼은 혼의식을 구현합니다.

혼이라는 에너지막에는
혼의식 매트릭스가 설치되어 영 에너지의 굴절률을 결정합니다.
혼의식 매트릭스는 빛과 중간과 어둠의 매트릭스가 있습니다.
혼이라는 에너지막에 새겨진 빛의 매트릭스는
격자망이 보이지 않으며 빛을 모두 통과시키게 됩니다.
혼이라는 에너지막에 새겨진 중간계 매트릭스는
격자망이 흐릿하게 보이며 빛의 70% 정도를 투과시킵니다.

혼이라는 에너지막에 새겨진 어둠의 매트릭스는
격자망이 뚜렷하게 보이며 빛의 50% 정도를 투과시킵니다.

혼의식 매트릭스의 종류에 따라
영의식이 발현되는 비율이 다릅니다.
혼의식 매트릭스의 종류에 따라
사물을 인식하고 받아들이는 방식이 다릅니다.
혼의식 매트릭스의 종류에 따라
진리를 받아들이고 진리를 수용하는 방식이 다릅니다.

혼의식 매트릭스를 통한
창조주의 제2의 조물작용이
11차원 환생 위원회에서 이루어집니다.

두번째
영혼의 특성에 따라
영혼의 진화 방향에 따라
영혼의 윤회 프로그램의 내용에 따라
혼 에너지막에 새겨지는 혼의식 프로그램이 달라집니다.

혼의식 프로그램은
영혼이 물질 체험을 풍부하게 하기 위해 설치됩니다.
신석기 시대를 사는 인간과
조선시대를 사는 인간이 그 시대에 경험할 수 있는
감정과 의식의 층위는 서로 다릅니다.

산업화 시대를 사는 인간과
정보화 시대를 사는 인간이 그 시대에 경험할 수 있는
감정과 의식의 층위는 서로 다릅니다.

혼의식 프로그램은
인간의 사회 발달 정도에 따라
인간이 구현할 수 있는 감정과 의식의 스펙트럼의 층위가
다양하게 구현될 수 있도록 준비된 프로그램입니다.
혼의식 프로그램의 내용이 다양해짐에 따라
인간의 다양한 성격이 탄생될 수 있습니다.
혼의식 매트릭스와 다양한 혼의식 프로그램을 통하여
다양한 성격을 가진 인간 군상들이
창조주의 제2조물작용을 통해 탄생됩니다.

세번째
영혼의 특성에 따라 영혼의 진화 방향에 따라
영혼의 윤회 프로그램의 내용이 결정됩니다.
영혼의 윤회 프로그램이 결정되는 곳은 11차원입니다.
영혼의 윤회 프로그램은 본영과 하늘에 의해 결정됩니다.
영혼의 윤회 프로그램은 인간의 삶의 생로병사를 포함한
한 번의 삶의 내용이 담겨 있습니다.

윤회 프로그램의 내용에 따라
그 사람의 성별과 외모가 결정되고
그 사람의 성격이 결정됩니다.

윤회 프로그램의 목적에 따라
그 사람의 달란트가 결정되고
그 사람의 성격을 형성시키는 봉인이 결정되며
이것을 기반으로 창조주의 제2의 조물작용이 이루어집니다.

네번째

영혼의 특성에 따라
영혼의 진화 방향에 따라
영혼의 윤회 프로그램의 내용에 따라
이번 생에 해소해야 될 카르마의 양이 결정됩니다.

이번 생에 해소될 카르마의 양이 결정되면
카르마 에너지장의 조물이 정교하게 프로그램됩니다.
우주에서 똑같은 영혼이 없듯이
똑같은 카르마 에너지장 또한 없습니다.
이번 생에 꼭 필요한 카르마 에너지장이
이번 생에 설치되기로 예정된 에너지 봉인과 중복되지 않도록
창조주의 제2의 조물작용이
11차원의 카르마 위원회에서 이루어집니다.

창조주의 조물작용에 대한
정리의 필요성이 있어
기록의 필요성이 있어
우데카 팀장이 이 글을 남깁니다.

창조주의 제3조물작용
영혼백靈魂魄 에너지와 인간의 탄생

창조주의 제1조물작용은 생명의 기원이 됩니다.
창조주의 제2조물작용으로 생명체의 정체성이 확립됩니다.
창조주의 제3조물작용은 생명체의 향락의 기반이 됩니다.

영혼이 생명체의 몸을 얻기 위해서는
반드시 백(魄)이라는 에너지와 결합이 이루어져야 합니다.
영혼백 에너지의 정렬과 영혼백 에너지의 결합이
5차원의 영단에서 이루어집니다.
영혼이 생명체의 몸을 얻기 위해
영혼백 에너지와 생명체의 정기신(精氣神)의 에너지가
서로 결합이 이루어지는 일련의 과정들을
창조주의 제3조물작용이라 합니다.

영혼이 장미꽃과 오동나무와 같은 외투를 입는 조물의 과정이
5차원 영단에서 이루어집니다.
영혼이 멸치와 오징어와 같은 어류들의 외투를 입는 조물과정이
5차원 영단에서 이루어집니다.
5차원 영단에서 영혼이 백이라는 에너지와 결합하여
생명체의 외투를 입는 일련의 과정을
창조주의 제3의 조물작용이라 합니다.

식물과 동물들에게 이루어지는 창조주의 제2의 조물작용과
창조주의 제3의 조물작용들은 인간에 비해 복잡하지 않으며
자동화 프로그램에 의해 진행됩니다.

5차원 영단에서 백 에너지 조물이 갖는 의미는 다음과 같습니다.

영혼에 백 에너지를 결합한다는 것이 갖는 의미는
행성의 영단에 영혼이 입식된다는 것을 의미합니다.
영혼에 백 에너지를 연결한다는 것이 갖는 의미는
영혼의 물질 체험을 할 수 있는 행성이 배속되었음을 의미합니다.

백 에너지에는 그 행성의 의식이 담겨져 있습니다.
백 에너지에는 그 행성의 가이아 의식이 담겨 있습니다.
백 에너지에는 그 행성이 속한 태양들의 의식이 담겨 있습니다.
백 에너지에는 그 행성이 속한 은하의 의식이 담겨 있습니다.

영혼이 백 에너지를 입는다는 것은
영혼의 물질 체험이 승인되었다는 것을 뜻합니다.
영혼이 백 에너지와 결합된다는 것은
영혼이 행성에 입식된 생명체의 몸을 얻는 것을 뜻합니다.
영혼이 백 에너지와 연결된다는 것은
영혼이 물질 체험을 하는 행성에 배속되었음을 뜻합니다.
영혼이 백 에너지와 정렬이 이루어진다는 것은
행성의 의식이 백 에너지를 통해
생명체의 의식에 깃든다는 것을 의미합니다.

백 에너지 조물 순서는 다음과 같습니다.

백 에너지 조물을 창조주의 제3조물작용이라 합니다.
영혼이 영단에 입식되어
영혼의 물질 체험을 준비하는 일련의 과정을 의미합니다.

첫번째 과정
행성의 영단에서 자기 행성의 에너지 스펙트럼과
그 영혼이 가지고 있는 고유한 에너지 스펙트럼이
맞는지를 검토한 후 영단의 입식 여부가 최종 결정됩니다.

행성 영단에서 영혼의 입식이 이루어지는데는
엄격한 기준이 적용되며 많은 시간이 필요합니다.
타 행성의 영혼을 함부로 입식하는 경우는 거의 없습니다.
영단에서 필요한 영혼들의 공급은
상위 차원에 영혼의 공급을 의뢰하여
16차원과 11차원을 통해 대부분 공급받게 됩니다.

두번째 과정
영혼이 영단에 입식 승인이 이루어지면
영단 시스템에 영혼이 등록됩니다.
영단에서는 이 영혼에 대한 분석에 들어가게 됩니다.
영에 담겨진 정보와
혼에 담겨진 수많은 정보를 분석합니다.

영혼이 탄생될 때
11차원에서 기획한 윤회 프로그램의 내용과
카르마 에너지장의 분석에 들어갑니다.
영혼의 진화과정에 맞게
영단이 준비과정을 시작하게 됩니다.

세번째 과정
혼 에너지에 담긴 정보를 기반으로
백 에너지 조물이 이루어집니다.
백 에너지의 조물은 백 에너지 프로그램을 통해 이루어집니다.

백 에너지 프로그램 안에는
인간의 생로병사에 대한 정보가 담겨 있습니다.
백 에너지 프로그램 안에는
인간의 외모와 성별에 대한 정보가 담겨 있습니다.
백 에너지 프로그램 안에는
인간의 성격을 결정하는 감정선과 의식선에 대한 정보가 담겨 있습니다.

네번째 과정
영단에서 작성된 백 에너지 프로그램을
행성의 핵에 존재하는 행성의 생명유지 시스템으로 보냅니다.
행성의 생명유지 시스템에서 공급받은 백 에너지와
백 에너지 프로그램이 결합하게 됩니다.
행성 가이아 의식과 백 에너지 프로그램과 접속이 이루어집니다.

백 에너지 프로그램과
행성의 빛의 생명나무 시스템이 연결이 이루어집니다.
백 에너지 프로그램이 수정될 정자와 난자의 핵에
DNA가 핵에 패킹이 이루어지듯이
우주 공학기술에 의해 다운로딩이 이루어집니다.

다섯번째 과정
백 에너지 프로그램에 행성 가이아의 백 에너지가 결합되고
백 에너지 프로그램에 행성의 빛의 생명나무 시스템이 연결되고 나면
임신과 출산 프로그램이 진행됩니다.

5차원 영단이 운영하고 있는
임신과 출산의 자동화 시스템에 의해
여성의 몸에서 인간이 탄생하게 됩니다.

5차원 영단에서
창조주의 제3조물작용이 이루어지는 원리에 대해
정리의 필요성이 있어
기록의 필요성이 있어
우데카 팀장이 이 글을 남깁니다.

영혼의 향기

사람마다 느낌이 다릅니다.
사람마다 느낌이 다른 이유는
사람마다 영혼의 파장이 다르기 때문입니다.

사람마다 느낌이 다릅니다.
사람마다 느낌이 다른 이유는
사람마다 영혼의 진동수가 다르기 때문입니다.

사람마다 느낌이 다릅니다.
사람마다 느낌이 다른 이유는
창조주께서 영혼에게 부여한
사고조절자가 다르기 때문입니다.

사람마다 향기가 다릅니다.
사람마다 나는 향기가 다른 이유는
영혼에게 부여된 영 에너지가 다르기 때문입니다.

사람마다 향기가 다릅니다.
사람마다 나는 향기가 다른 이유는
사람의 몸에서 차크라 가동률이 다르기 때문입니다.

사람마다 향기가 다릅니다.
사람마다 나는 향기가 다른 이유는 사람의 몸에서
영혼백 에너지의 구성이 서로 다르기 때문입니다.

사람마다 맛이 다릅니다.
사람마다 맛이 다른 이유는
사람마다 거룩한 영의 구조가 다르기 때문입니다.

사람마다 맛이 다릅니다.
사람마다 맛이 다른 이유는
사람마다 동기감응하는 에너지가 다르기 때문입니다.

사람마다 맛이 다릅니다.
사람마다 맛이 다른 이유는
몸을 구성하는 백 에너지가 서로 다르게 조물되었기 때문입니다.

사람마다 멋이 다릅니다.
사람마다 멋이 다른 이유는
사람마다 진리의 영의 구조가 다르기 때문입니다.

사람마다 멋이 다릅니다.
사람마다 멋이 다른 이유는
사람의 마음 밭에 하늘이 심어 놓은
진리의 씨앗이 다르기 때문입니다.

사람마다 멋이 다릅니다.
사람마다 멋이 다른 이유는
사람의 마음 밭에 스스로 가꾸어 놓은
마음의 크기가 다르기 때문입니다.

사람마다 촉이 다릅니다.
사람마다 촉이 다른 이유는
사람마다 의식의 크기가 다르기 때문입니다.

사람마다 촉이 다릅니다.
사람마다 촉이 다른 이유는
사람마다 메타인지의 수준이 다르기 때문입니다.

사람마다 촉이 다릅니다.
사람마다 촉이 다른 이유는
사람마다 의식이 발현되고 있는
의식의 축의 영점이 서로 다른 곳에 있기 때문입니다.

사람의 느낌은 영혼이 발산하는 사고조절자 에너지입니다.
사람의 향기는 영혼이 발산하는 영 에너지입니다.
사람의 맛은 영혼이 발산하는 감성의 에너지입니다.
사람의 멋은 영혼이 발산하는 이성의 에너지입니다.
사람의 촉은 영혼이 발산하는 영의식의 총합입니다.

창조주의 제4조물작용
봉인과 카르마 에너지장

영은 16차원 천시원에서 탄생됩니다.
천시원에서 영이 탄생되는 것을
창조주의 제1의 조물작용이라 합니다.

영혼은 11차원에서 탄생됩니다.
11차원에서 영과 혼이 결합하여 영혼이 탄생하는 과정과
윤회 프로그램이 결정되는 것을
창조주의 제2의 조물작용이라 합니다.

영혼이 입는 외투가 결정되는 곳은 5차원입니다.
영혼이 백 에너지와 결합하여 영혼백 에너지가 탄생하는 것을
창조주의 제3의 조물작용이라 합니다.

영혼이 인간의 육신을 입고 태어날 때
영혼의 진화과정에 맞게 봉인과 카르마 에너지장이 설치됩니다.

봉인과 카르마 에너지장은 엄밀하게 따지면
창조주의 제2조물작용에 해당됩니다.

봉인과 카르마 에너지장은
인간의 성격을 형성하는 가장 중요한 요인이 됩니다.

봉인과 카르마 에너지장은
인간의 모순을 형성시키는 가장 중요한 요인이 됩니다.
봉인과 카르마 에너지장은
인간의 삶에 가장 영향을 많이 미치는 조물작용에 해당됩니다.

봉인과 카르마 에너지장의 설치가 갖는 중요성 때문에
창조주의 제4조물작용이라는 명칭을 사용하였습니다.

봉인과 카르마 에너지장의 모양은 사람마다 모두 다릅니다.
똑같은 카르마 에너지장은 없습니다.
똑같은 봉인 에너지장은 없습니다.

봉인은 인간에게는 모순입니다.
봉인은 인간에게는 고통입니다.
봉인은 인간에게는 아픔입니다.
봉인은 인간에게는 장애입니다.
봉인은 인간에게는 등짐입니다.

카르마 에너지장은 인간에게는 하늘이 주는 형벌입니다.
카르마 에너지장은 인간에게는 짊어져야 하는 십자가입니다.
카르마 에너지장은 하늘이 인간의 몸에 새겨놓은 주홍글씨입니다.
카르마 에너지장은 인간에게는 반드시 갚아야 하는 빚입니다.
카르마 에너지장은 인간에게는 몸으로 갚아야 하는 고통입니다.

사람마다 얼굴이 모두 다르듯

봉인과 카르마 에너지장은
그 사람의 윤회 프로그램에 최적화되어 설치됩니다.

사람마다 윤회의 프로그램이 다르듯
사람마다 모두 다르게 설치되는 봉인과 카르마 에너지장은
몸에 주홍글씨를 새기듯 그 사람이 평생 짊어지고 살아야 하는
등짐이자 모순이 됩니다.

사람마다 카르마의 내용이 모두 다르듯
카르마의 내용에 최적화된 봉인과 카르마 에너지장은
하늘이 인간의 몸에 형벌을 주기 위한 목적으로
예술품을 조각하듯 섬세하게 새겨놓았습니다.

하늘이 인간의 몸에 설치한 봉인 에너지장은 아름답습니다.
하늘이 인간의 몸에 설치한 봉인 에너지장은 정교합니다.
하늘이 인간의 몸에 설치한 봉인 에너지장에는
하늘의 마음과 본영의 마음이 담겨 있습니다.

하늘이 인간의 몸에 설치한 카르마 에너지장을 보면
그 사람의 카르마 내용을 짐작할 수 있습니다.
하늘이 인간의 몸에 설치한 카르마 에너지장을 보면
하늘의 마음이 그대로 담겨 있습니다.
하늘이 인간의 몸에 설치한
카르마 에너지장의 모습을 볼 수 있다면
그 정교함에 고개가 숙여질 수밖에 없습니다.

본영은 정성을 다해 아바타의 몸에 봉인 에너지장을 설치합니다.
마치 학교에 입학하는 아이의 옷을 입혀주는 어머니의 마음으로
본영은 자신의 아바타의 몸에 봉인 에너지장을 설치합니다.

하늘은 정성을 다해 인간의 몸에 카르마 에너지장을 설치합니다.
마치 군대에 입대하는 자식에게 따뜻한 밥한끼를 해주는
어머니의 마음으로 인간의 몸에 카르마 에너지장을 설치합니다.

봉인이 설치되지 않은 사람은 아무도 없습니다.
봉인은 본영과 하늘의 관리자 그룹에 의해 몸에 설치됩니다.

봉인은 인간이 자유의지를 남용하여
과도한 카르마를 짓지 않도록 하기 위해 설치하는 안전장치입니다.

카르마 에너지장이 설치되지 않은 사람은 아무도 없습니다.
카르마 에너지장은 하늘의 관리자 그룹에 의해 설치됩니다.
카르마 에너지장은 13차원의 기술로 설치됩니다.
카르마 에너지장은 15차원의 기술로 설치됩니다.
카르마 에너지장은 17차원의 기술로 설치됩니다.
카르마 에너지장은 18차원의 기술로 설치됩니다.
카르마 에너지장은 창조주에 의해 직접 설치됩니다.

인간의 몸에 설치된 봉인과 카르마 에너지장은
물질세계에 있는 과학기술로는 볼 수도 없으며
해소할 수도 없습니다.

봉인과 카르마 에너지장은 하늘만이 해소할 수 있을 뿐입니다.

윤회 프로그램이 짜여질 때 하늘에서 많은 시간이 필요합니다.
봉인과 카르마 에너지장이 설계되고 기획될 때도
하늘에서 오랜 기간 동안 정성을 다해
윤회 프로그램에 맞추어 설계도가 완성됩니다.

봉인과 카르마 에너지장은 나무에서 꽃이 피듯
인간의 생로병사에 맞추어 때가 되면
자동으로 인간의 몸에 설치되어 하늘에서 철저하게 관리됩니다.

자신이 우주에서 저지른 카르마는
반드시 생명체의 몸을 통한
카르마 에너지장을 통하여 갚아야 하는 것이
대우주의 법칙입니다.

봉인과 카르마 에너지장에 대한 정리의 필요성이 있어
우데카 팀장이 이 글을 기록으로 남깁니다.

봉인과 카르마

영은 16차원의 천시원에서 창조됩니다.
천시원에서 창조주의 권한을 위임받은 대영 그룹들에 의해
영이 사고조절자와 거룩한 영과 진리의 영으로 결합하여
탄생되는 것을 창조주의 제1조물작용이라 합니다.

천시원에서 탄생한 순수한 영이 영혼의 물질 체험을 위해
11차원에서 혼 에너지와 결합하여 영혼이 되는데
이것을 창조주의 제2조물작용이라 합니다.

영혼이 영혼의 옷을 입어야
생명체의 몸으로 들어올 수 있습니다.
영혼이 인간의 몸을 받기 위해서는
영혼백(정기신) 에너지들의 결합이 이루어져야 합니다.

영혼백 에너지의 결합은 5차원 영단에서 이루어집니다.
제2의 조물작용을 통해 탄생한 영혼이
인간의 몸을 입기 위해
5차원 영단에서 준비되는 하늘의 행정적 절차들을
창조주의 제3의 조물작용이라 합니다.
영혼백이 결합한 에너지는
정기신의 에너지 작용이 이루어지는 생명체로 탄생됩니다.

임신과 출산이라는 과정을 통해
3차례에 걸친 창조주의 조물작용에 의해
인간(생명)이 탄생됩니다.

천시원에서 창조주의 제1조물작용에 의해 창조된 영은
영의 고유성과 특수성이 부여되며
영의 우주적 신분들이 결정됩니다.

영과 혼이 결합하여 영혼이 됩니다.
영과 혼이 결합한 영혼들만이 에너지체의 형태로
12차원 이하의 삼태극의 물질세계에 출입할 수 있습니다.

영과 혼이 결합하는 제2의 조물작용은
혼의식 매트릭스와 혼의식 프로그램과
봉인과 카르마의
4대 요소에 의해 이루어집니다.

영과 혼이 결합하여 영혼이 되는 제2의 조물작용 중에
봉인과 카르마에 대한 정리의 필요성이 있어
우데카 팀장이 이 글을 기록으로 남깁니다.

먼저 윤회 프로그램에 맞는 최적화된 인간의 유형이 결정됩니다.
이번 생에 최적화된 인간의 성격이 결정이 되면
11차원 환생 위원회에서는 혼의식 매트릭스와 혼의식 프로그램
봉인과 카르마 에너지장을 통해 인간의 성격이 조물됩니다.

봉인은 갓 태어난 6차원의 흰빛 영혼과
14차원의 녹색빛 영혼이 우주의 신분을 떼고
공평하고 공정한 게임이 이루어질 수 있도록 하는
하늘의 우주 공학기술입니다.
봉인과 카르마 에너지장을 통하여
모든 영혼들은 우주의 계급장을 떼고
영혼의 물질 체험을 공평무사하게 하는 조물이 이루어집니다.

봉인으로 인하여
오래된 영혼과 젊은 영혼들이 공정한 게임 속에
영혼의 물질 체험이 이루어질 수 있습니다.

봉인으로 인하여
우주적 신분이 높은 영혼들이 낼 수 있는 출력값과
우주적 신분이 낮은 영혼들이 낼 수 있는 출력값이
공정한 경쟁이 가능하도록 조물이 이루어집니다.

봉인의 내용에 따라
특별한 재주를 가진 사람들이 탄생됩니다.
봉인의 내용에 따라
머리 좋은 사람들이 태어날 때 결정됩니다.
봉인의 내용에 따라
천부적으로 주어진 달란트들의 발현 시기가 결정됩니다.

봉인은 한 사람의 생로병사인 인간의 삶에 맞추어집니다.

봉인의 설치 시기가 삶의 프로그램의 내용에 맞추어집니다.
봉인이 해제되는 시기 역시 삶의 프로그램에 맞추어집니다.

봉인은 반드시 해제되는 시기가 있습니다.
봉인은 본영의 요청이나 동의에 의해
그리고 하늘의 필요에 의해 추가적으로 설치되기도 하며
조기에 해제되기도 합니다.

봉인은 장부의 기능을 떨어뜨리는 장부 봉인과
경락의 흐름을 차단하는 경락 봉인이 있습니다.

봉인은 에너지장의 형태로 존재합니다.
봉인은 13차원 이상의 우주 공학기술에 의해 설치됩니다.

봉인이 설치되면 평범한 사람이 되며
봉인이 해제되면 경쟁력 있는 사람이 됩니다.
봉인이 설치되면 고질적인 지병이나 기능저하가 일어나며
봉인이 해제되면 건강해집니다.
봉인이 설치되면 내 인생을 막는 족쇄나 장애물이 되며
봉인이 해제되면 내 인생의 발목을 잡고 있던 족쇄가 풀어집니다.

인간의 몸의 건강과 관련된 봉인의 재조정은
7년을 주기로 본영과 하늘에 의해 조정이 이루어집니다.
인간의 감정과 의식에 관련된 봉인의 재조정은
5년을 주기로 본영과 하늘에 의해 재조정이 이루어집니다.

봉인은 본영과 하늘이 안정적으로
인간을 관리하고 통제하는 중요한 수단입니다.
봉인은 본영과 하늘이
이번 생에 계획한 인생의 설계도대로 안내하기 위해
가장 즐겨쓰는 전략과 전술의 수단입니다.

봉인은 카르마 에너지장에 비해
설치하기도 쉽고 해제하기도 비교적 쉽습니다.
봉인은 브레이크, 제약, 장애물의 역할이 끝나면
본영의 요청에 의해 해제가 이루어집니다.

카르마는 주홍글씨처럼 몸에 새겨진 하늘의 형벌입니다.
카르마의 해소는 본영의 힘과 의지로 이루어지지 않습니다.
카르마의 해소는 몸을 가진 아바타의 고통을 통해서만
해소할 수 있습니다.
카르마를 해소할 수 있는 권한은 창조주밖에 없습니다.

카르마는 영혼이 물질 체험을 하는 과정에서 발생한
부정적인 에너지를 말합니다.
영혼이 물질 체험을 하는 과정에서 발생한 카르마는
인간의 몸을 통해 집행되는 하늘의 형벌입니다.

카르마는 하늘의 형벌이 인간의 몸을 통해 집행되는
하늘의 행정적 절차입니다.

카르마는 카르마 에너지장의 형태로
인간의 오장 육부에 설치가 이루어집니다.

카르마 에너지장은 한번 설치되면 죽기 전에는
절대로 없어지지 않는 주홍글씨와도 같습니다.
카르마는 카르마 에너지장의 형태로
인간의 몸에 설치되는 무형의 감옥입니다.

카르마의 내용에 따라
카르마 에너지장의 모양이나 형태가 최적화되어
카르마 에너지장의 조물이 이루어집니다.

인간의 성격이 모두 다르듯
카르마 에너지장의 모양은
사람마다 모두 다르게 조물이 이루어집니다.
카르마는 인간의 몸을 입고 있을 때만 받을 수 있는 형벌이기에
인간의 몸이 있는 한 사라지지 않습니다.
카르마 에너지장이 조물이 되고 설치가 될 때
카르마가 발현되는 시기는 정해져 있습니다.

카르마 에너지장이 조물이 되고 설치가 될 때
카르마는 인생의 생로병사의 주기에 연동되도록
정교하게 프로그램됩니다.
카르마 에너지장이 조물이 될 때
봉인과 카르마 에너지장이 충돌하거나 가중 처벌이 되지 않도록

인간이 견딜 수 있는 범위 내에서 설계가 이루어집니다.

카르마 에너지장은 인간의 몸이 살아있는 한
소멸되거나 없어지지 않습니다.
카르마를 해소하기 위해 설치되는 카르마 에너지장은
하늘에서 죽음이 결정되고
죽음이 집행되는 마지막 때에
카르마 에너지장은 하늘에 의해 해제가 되며
카르마 에너지장은 하늘에 의해 회수되며 재가공하여 재활용됩니다.

카르마는 영혼의 물질 체험을 하는 영혼들이
영혼의 진화를 위해 선불로 가져다 쓴 비용입니다.
카르마는 인간의 몸을 통해서만 갚아야 하는
하늘이 청구한 비용입니다.

인간의 몸의 고통을 통해서 갚아야 하는 청구서는
오래된 영혼일수록
진화한 영혼일수록 많습니다.

인간의 몸을 통한 고통을 통해 카르마가 해소가 될수록
카르마 에너지장의 강도가 약해집니다.
인간의 감정의 혼란과 분열을 통해 카르마가 해소가 될수록
카르마 에너지장의 크기는 줄어듭니다.
인간의 의식의 분열과 인지부조화를 통해 카르마가 해소될수록
카르마 에너지장의 효율이 떨어지게 됩니다.

카르마는 영혼의 물질 체험을 하는 영혼이
어느 은하에 있든
어느 행성에 있든
어느 나라에 있든
사라지거나 없어지지 않습니다.

카르마는 영혼의 물질 체험을 하는 영혼들에게
우주에서 가장 엄격하게 관리하는 하늘의 개입입니다.
카르마는 그 어느 누구도 대신해서 갚을 수 없습니다.
카르마는 오직 카르마를 지은 당사자만이
몸을 통해 반드시 갚아야 하는
하늘의 비용 청구서입니다.

하늘의 비용 청구서를 정상적으로 몸을 통해 갚지 못하는
우주의 신용불량자들이
우주의 감옥인 지구 행성에 끌려와 카르마를 풀고 있습니다.

정상적인 윤회를 통해 시스템을 통해
카르마를 갚지 못하는 우주의 신용불량자들이
우주의 감옥행성인 지구 행성에 끌려와
강제 노역과 노동을 통해 카르마를 해소하고 있습니다.

지구 행성의 차원상승을 앞두고
지구 행성의 대격변을 앞두고
카르마를 다 해소하지 못한 우주의 신용불량자들에 대한

하늘의 행정적 절차가
지구 행성의 물질문명이 종결되는 마지막 때에
몸을 통한 고통과 다양한 죽음의 방식을 통해
집행될 것임을 전합니다.

기록의 필요성이 있어
정리의 필요성이 있어
우데카 팀장이 이 글을 기록으로 남깁니다.

아무도 부러워하지 않는 삶을 살고 있는 사람들에게
지금은 아무것도 기억할 수 없지만

지금은 아무것도 기억할 수 없지만
당신의 세포 하나하나에는
당신이 우주에서 뿜어냈던 부정적인 에너지들이 쌓여 있습니다.

지금은 아무것도 기억나지 않지만
당신의 잠재의식과 무의식에는
당신이 카르마를 짓던 그때의 그 에너지들이 차곡차곡 쌓여 있습니다.

지금은 아무것도 기억할 순 없지만
당신의 5장 6부의 장부 하나하나에는
당신이 우주에서 카르마를 짓던 그때의 그 의식들이
그대로 주홍글씨처럼 새겨져 있습니다.

지금은 아무것도 기억나진 않지만
당신의 몸 구석구석에는
당신이 우주에서 카르마를 짓던 그때의 그 에너지들이
봉인되어 있습니다.

아무도 부러워하지 않는 삶을 살고 있는 당신의 삶은
카르마를 해소하기 위한 삶이었기 때문입니다.

아무에게도 인정받지 못하는 삶을 살고 있다는 것은
당신이 카르마를 지을 때 뿜어냈던 에너지들이
당신의 삶 속에 그대로 펼쳐졌기 때문입니다.

아무도 알아주지 않는 삶을 살고 있다는 것은
당신의 카르마로 인하여 탄생한 주홍글씨의 흔적들이
당신의 삶 속에 그대로 펼쳐졌기 때문입니다.

지구 행성은 영혼들의 카르마를 해소하기 위한 행성입니다.
지구 행성은 영혼들이 물질 체험을 하는 과정에서
정상적인 카르마의 범위를 넘어선 중죄인들이 모여
카르마를 해소하기 위해 선정된 우주의 감옥행성입니다.

지구 행성에 살고 있는 사람 중에 힘들지 않은 사람은 없습니다.
이 시대를 살고 있는 사람 중에 힘들지 않은 사람은 없습니다.

지구 행성에서 마지막 때를 살고 있는 모든 영혼들은
그만한 사연과 아픔을 가지고 살고 있습니다.

지구 행성에서 마지막 때를 살고 있는 모든 사람들은
자신의 삶의 무게만큼의 십자가를 지고 살고 있습니다.

지구 행성에서 이 시대를 살고 있는 모든 영혼들은
자신이 지은 카르마만큼의 십자가의 무게를 지고 살고 있습니다.

지금 이 시대를 살고 있는 모든 영혼들은
하늘과 당신 영혼과의 신성한 약속을 굳게 믿고 살고 있습니다.

지금 이 시대를 살고 있는 모든 사람들은
자신의 모순을 극복하기 위해 최선을 다해 살고 있습니다.

당신이 그토록 부러워하는 사람들의 삶 역시
알고 보면 나보다 더 힘든 경우가 더 많습니다.

아픈 상처 한두 개는 가슴에 묻고 아파하며 살아가고 있습니다.
아픈 사연 한두 개는 가슴에 묻고 슬퍼하며 살아가고 있습니다.

이제 아픔의 세월이 끝나가고 있음을 전합니다.
이제 고통의 세월이 끝나가고 있음을 전합니다.

당신의 삶 속에 주홍글씨처럼 새겨진 카르마들이
하늘에 의해 거두어지고 있습니다.
당신의 몸 속에 형벌처럼 새겨진 카르마 에너지들이
하늘에 의해 거두어지고 있습니다.

인간의 심장에 새겨진 원죄의 표식들이
하늘에 의해 거두어지고 있습니다.
인간의 장부에 새겨 놓은 부정적인 의식들이
하늘에 의해 거두어지고 있습니다.

인간의 세포 하나하나에 심어 놓은 카르마 에너지들이
하늘에 의해 거두어지고 있습니다.

아무것도 기억나지 않지만
지금 마지막 때를 살고 있는 모든 영혼들에게
하늘의 축복이 함께할 것임을 전합니다.

아무것도 기억나지 않지만
지금 마지막 때를 살고 있는 모든 영혼들에게
하늘과 당신의 영혼 사이의 약속이
지켜질 것임을 전합니다.

아무것도 기억나지 않지만
지금 마지막 때를 살고 있는 모든 영혼들은
새로운 시작을 위하여
당신들 모두는 있어야 할 곳에 있게 될 것입니다.

아무것도 기억할 순 없지만
지금이 마지막 때라는 것을 알고 있는 당신은
아무도 부러워하지 않은 당신의 삶이
하늘의 축복이었다는 것을 알게 될 것입니다.

그때는 너무 힘이 들고 견디기 힘들었지만
서로가 서로에게 소중한 시간이었음을 알게 될 것입니다.

그때는 너무 힘들어 주저앉을 만큼 힘들었던 시기가
당신이 보살의 마음과 부처의 마음을 배우기 위한
소중한 시간이었음을 알 때가 있을 것입니다.

그때는 그랬지만
당신의 영혼은 이 우주에서 참 괜찮은 영혼이었습니다.

그때는 그랬지만
당신은 세상 사람 중에서 참 괜찮은 사람이었습니다.

그때는 그럴 수밖에 없었지만
당신의 영혼은 이 우주의 진화를 위해 애를 쓰던 영혼이었습니다.

그때는 그럴 수밖에 없었지만
당신은 세상을 이롭게 하기 위해 참 애를 쓰던 영혼이었습니다.

이제는 서로가 서로에게 참 좋은 영혼이 되어주시기 바랍니다.
이제는 서로가 서로에게 참 좋은 사람이 되어주시기 바랍니다.

지구 행성에서 아무것도 모르는 채
아무도 부러워하지 않는 삶을 살고 있는 영혼들과
아무도 알아주지 않는 삶을 살고 있는 영혼들에게
고마움과 감사함을 전합니다.
그동안 수고 많으셨습니다.

나에게로 돌아가는 여정

나는 지금 나에게로 돌아가고 있는 중입니다

인생은 나로부터 시작하여
나에게로 돌아가는 여정입니다.

인생은 나로부터 분리되어 살다가
나에게로 돌아가는 여정입니다.

인생은 돌고 돌아 나에게로 돌아가는 과정입니다.
인생은 돌고 돌아 나의 영혼에게로 돌아가는 여행입니다.
인생은 돌고 돌아 나의 본영에게로 돌아가는 여행입니다.

나의 근원은 나입니다.
나의 근원은 나의 영혼입니다.
나의 근원은 나의 본영(本靈)입니다.

나는 내 영혼의 분신입니다.
나는 내 영혼의 에너지로 만든 아바타입니다.
나는 내 영혼을 대신하여 살고 있습니다.

나는 내 영혼없이 존재할 수 없습니다.
나는 내 본영없이 존재할 수 없습니다.
나는 내 본영과 운명 공동체입니다.

나를 우주에서 도와줄 수 있는 존재는 나밖에 없습니다.
나를 우주에서 도와줄 수 있는 존재는 나의 영혼밖에 없습니다.
나를 우주에서 도와줄 수 있는 존재는 나의 본영밖에 없습니다.
나를 우주에서 도와줄 수 있는 건 공평무사한 하늘밖에 없습니다.

우주에서 나를 도와줄 수 있는 존재는 나밖에 없습니다.

우주에서 나의 영혼을 도와줄 수 있는 존재는
영혼의 물질 체험을 하고 있는 나밖에 없습니다.

우주에서 나의 본영을 도와줄 수 있는 존재는
본영의 아바타로 살고 있는 나밖에 없습니다.

우주에서 나를 도와줄 수 있는 존재는
대우주를 운영하고 있는 절대 공평무사한 하늘밖에 없습니다.

나의 의식의 기원은 나입니다.
나의 의식의 근원은 나의 영혼입니다.
나의 의식의 근원은 나의 본영입니다.

나는 죽어서 지옥으로 가지 않습니다.
내 영혼은 죽어서 나에게로 돌아갈 뿐입니다.
내 영혼은 죽어서 내 영혼에게로 돌아갈 뿐입니다.
내 영혼은 죽어서 내 본영에게로 돌아갈 뿐입니다.

나의 의식은 죽어서 지옥으로 가지 않습니다.
나의 의식은 죽어서 나에게로 돌아갈 뿐입니다.
나의 의식은 죽어서 나의 영혼에게로 돌아갈 뿐입니다.
나의 의식은 죽어서 나의 본영에게로 돌아갈 뿐입니다.

나는 죽어서 천당으로 가지 않습니다.
내가 죽은 후 내 영혼은 나에게로 돌아갈 뿐입니다.
내가 죽은 후 내 영혼은 나의 영혼에게로 돌아갈 뿐입니다.
내가 죽은 후 내 영혼은 나의 본영에게로 돌아갈 뿐입니다.

나는 죽어서 땅에서는 흔적과 이름을 남기지만
내가 죽은 후 내가 땅에서 경험한 모든 것들은
나의 본영에게로 흡수됩니다.

윤회(輪廻)란 시작도 끝도 없는 영혼의 여행을 말합니다.
윤회란 시작도 끝도 없는 영혼의 물질 체험을 말합니다.

윤회란 나로부터 시작한 흥미진진한 영혼의 여행이
나에게로 돌아가는 것을 말합니다.
윤회란 나의 영혼으로부터 시작한 영혼의 물질 체험의 경험들이
나의 영혼에게로 돌아가는 것을 말합니다.

윤회란 나의 본영으로부터 시작한
영혼의 물질 체험의 다양한 경험들이
나의 본영에게로 돌아가는 것을 말합니다.

나의 근원은 나입니다.

나의 근원은 나의 영혼입니다.

내 영혼의 근원은 나의 본영입니다.

내 본영의 근원은 창조주입니다.

나의 의식의 근원은 나입니다.

내 의식의 근원은 나의 영혼입니다.

내 영혼의 의식의 근원은 나의 본영입니다.

내 본영의 의식의 근원은 창조주의 의식입니다.

나는 지금 나에게로 돌아가고 있는 중입니다.

나의 영혼은 지금 집으로 돌아가고 있는 중입니다.

나의 영혼은 지금 창조주의 품으로 돌아가고 있는 중입니다.

나의 의식은 지금 창조주의 의식으로 돌아가고 있는 중입니다.

나의 의식은 지금 창조주의 의식에 머물고 있는 중입니다.

당신은 누구의 분신(아바타)입니까?

영혼이 물질 체험을 하기 위해서는 반드시 외투를 입어야 합니다.
영혼이 물질 체험을 하기 위해서는 생명체의 몸을 입어야 합니다.

영혼이 흥미진진한 물질 체험을 하기 위해서는
의식이 있는 생명체의 몸속으로 들어가야 합니다.

영혼이 다양한 물질 체험을 하기 위해서는
다양한 형태의 생명체의 몸을 입어야 합니다.

영혼이 장미꽃에 들어가서 배우고 체험할 수 있는 것과
영혼이 소나무에 들어가서 배우고 체험할 수 있는 것은 다릅니다.

영혼이 식물의 몸에 들어가서 배우고 체험할 수 있는 것과
영혼이 동물의 몸에 들어가서 배울 수 있는 것은 다릅니다.

영혼이 사슴벌레의 몸에 들어가서 배우고 체험할 수 있는 것과
영혼이 다람쥐의 몸에 들어가서 배울 수 있는 것은 다릅니다.

영혼이 코끼리의 몸에 들어가서 배우고 체험할 수 있는 것과
영혼이 뱀의 몸에 들어가 배우고 체험할 수 있는 것은 다릅니다.

영혼이 호랑이의 몸에 들어가서 배우고 체험할 수 있는 것과
영혼이 인간의 몸에 들어가서 배우고 체험할 수 있는 것은 다릅니다.

생명체마다 구현할 수 있는 감정의 스펙트럼이 모두 다릅니다.
생명체마다 구현할 수 있는 의식의 스펙트럼이 모두 다릅니다.
생명체마다 구현할 수 있는 향락의 스펙트럼이 모두 다릅니다.

생명체마다 구현할 수 있는 감각의 스펙트럼이 모두 다릅니다.
생명체마다 구현할 수 있는 만족의 스펙트럼이 모두 다릅니다.
생명체마다 구현할 수 있는 쾌락의 스펙트럼이 모두 다릅니다.

생명체 중에 인간이 가장 높은 의식을 구현할 수 있습니다.
생명체 중에 인간이 가장 폭넓은 감정을 느낄 수 있습니다.
생명체 중에 인간이 가장 높은 수준의 쾌락을 느낄 수 있습니다.

영혼이 고도로 추상화된 의식활동을 체험하기 위해서는
고도의 의식을 구현할 수 있는 인간의 몸을 입어야 합니다.

영혼이 물질 체험을 위해 생명체의 몸에 들어가게 되는데
이때 생명체의 몸이 아바타(avatar)가 되는 것입니다.

아바타는 영혼이 생명체의 몸속으로 들어갈 때 탄생됩니다.
아바타는 영혼이 입은 생명체의 몸을 말합니다.
아바타는 영혼이 입은 생명체의 외투를 말합니다.

장미꽃은 장미꽃에 들어가 있는 영혼의 아바타입니다.
소나무는 소나무에 들어가 있는 영혼의 아바타입니다.

고양이는 고양이의 몸에 들어가 있는 영혼의 아바타입니다.
진돗개는 진돗개의 몸에 들어가 있는 영혼의 아바타입니다.

사슴은 사슴의 몸에 들어가 있는 영혼의 아바타입니다.
사자는 사자의 몸에 들어가 있는 영혼의 아바타라고 할 수 있습니다.

모든 식물은 영혼들이 입고 있는 외투입니다.
모든 식물은 식물의 몸에 들어가 있는 영혼들의
아바타라고 할 수 있습니다.

모든 동물은 영혼들이 입고 있는 외투입니다.
모든 동물은 동물의 몸에 들어가 있는 영혼들의
아바타라고 할 수 있습니다.

세상 만물은 영혼들이 입고 있는 외투입니다.
세상 만물은 영혼들이 들어가 있는
영혼들의 아바타입니다.

삼라만상은 영혼들이 입고 있는 외투입니다.
대우주에 존재하는 삼라만상은 영혼들이 들어가 있는
영혼들의 아바타라고 할 수 있습니다.

이 세상에 있는 모든 것들은 누군가의 아바타입니다.
이 우주에 있는 모든 것들은 영혼들의 아바타입니다.

대우주에 펼쳐져 있는 삼라만상은
모두 창조주의 아바타들입니다.

우리들 모두는 창조주의 아바타들입니다.
우리들 모두는 창조주의 신성이 깃든 자녀들입니다.
우리들 모두는 창조주의 사랑하는 자녀들입니다.

영의 분화와 의식의 분화

영의 분화는 영이 땅으로 내려와 생명체의 몸을 얻기 위해서
하늘에서 일어나는 행정적 절차입니다.

영의 분화는 하늘의 엄격한 관리와 통제 속에 이루어집니다.
영의 분화를 통해 영혼의 차원간 동시 진화가 가능해집니다.
영의 분화를 통해 하나의 영이 여러 명으로 분화하여
생명체의 외투를 입을 수 있습니다.

영이 분화하면 영이 가진 창조성이 그대로 발현됩니다.
영이 분화하면 영이 가진 생명력이 그대로 발현됩니다.
영이 분화하면 영이 가진 고유성이 그대로 발현됩니다.

천사들은 영의 분화를 통해 하늘의 일을 합니다.
천사들은 영의 분화를 통해 여러 은하에서 일을 할 수 있습니다.
천사들은 영의 분화를 통해 동시에 서로 다른 일을 할 수 있습니다.

생명은 영이 있어야 생명을 얻을 수 있습니다.
생명은 영혼이 있어야 정신활동을 할 수 있습니다.
생명은 영혼백이 있어야 생명체의 외투를 입을 수 있습니다.

생명은 영이 있어야 신(神)이 깃들 수 있습니다.

생명은 영혼이 있어야 정신(精神)이 깃들 수 있습니다.
생명은 영혼백이 있어야 호흡을 할 수 있습니다.

영은 영의 분화를 통해 생명을 얻을 수 있습니다.
영은 영의 분화를 통해 정신을 구현할 수 있습니다.
영은 영의 분화를 통해 물질세계에 아바타를 낼 수 있습니다.

영은 영의 분화를 통해 영혼의 물질 체험을 할 수 있습니다.
영은 영의 분화를 통해 영혼의 진화를 할 수 있습니다.
영은 영의 분화를 통해 영혼의 윤회를 할 수 있습니다.

영은 영의 분화를 통해 영의 상처를 치유할 수 있습니다.
영은 영의 분화를 통해 영의 모순을 교정할 수 있습니다.
영은 영의 분화를 통해 영의 카르마를 해소할 수 있습니다.

하늘에서 천사들이 중요한 업무를 해야 할 때는
영의 분화를 통해서 하게 됩니다.
우주적 신분이 높은 영일수록 자신의 영을 분화하여
영혼의 진화를 할 수 있습니다.

우주적 신분이 높은 영일수록 자신의 영을 분화하여
여러 명을 아바타로 내보내 영혼의 물질 체험을 할 수 있습니다.
18차원 15단계의 우주적 신분을 가진 천사의 영은 최대
다섯 명까지 영을 분화하여 영혼의 물질 체험을 할 수 있습니다.

의식의 분화란 하나의 의식에서
똑같은 의식을 복제하는 것을 말합니다.

의식의 분화란 하나의 의식에서
다양한 의식을 만들어내는 것을 의미합니다.

의식의 분화란 하나의 의식이 창조해낼 수 있는
변화의 수를 말합니다.

천사들은 의식의 분화를 통하여 하늘에서 일을 하고 있습니다.
천사들은 의식의 분화를 통하여
똑같은 의식을 가진 나를 많이 복제할 수 있습니다.

우주적 신분이 높은 영일수록
다양하게 의식의 분화를 할 수 있습니다.

특수한 목적으로 탄생한 영일수록
다양한 의식의 분화를 할 수 있습니다.

18차원 15단계의 천사의 영은 최대 2000 까지
자신의 의식을 분화할 수 있습니다.

18차원 15단계의 천사의 영은 최대 2000 까지
자신의 의식을 분화하여
하늘에서 자신의 업무를 수행하고 있습니다.

영의 분화를 통하여 영혼들은 진화합니다.

영의 분화와 의식의 분화를 통하여 천사들은 일을 합니다.

영의 분화와 의식의 분화를 통하여 하늘은 효율적으로 일을 합니다.

기록의 필요성이 있어

정리의 필요성이 있어

우데카 팀장이 이 글을 남깁니다.

영혼의 차원간 동시 진화

영혼이 존재하는 이유는 영혼이 진화하기 위해서입니다.
영혼의 진화는 영혼이 물질 체험을 통해서만 진화할 수 있습니다.
하늘에는 영혼이 진화할 수 있는
영혼의 진화 로드맵이 있습니다.

영혼마다 영혼의 고유성이 있습니다.
영혼마다 영혼의 개별성이 있습니다.
똑같은 영혼은 이 우주에 존재하지 않습니다.
같은 스펙트럼의 영역대를 가진 영혼이 있을 뿐입니다.

영혼은 16차원인 천시원에서 탄생될 때
창조주께서 부여하는 사고조절자에 따라
상승하는 영혼과 하강하는 영혼으로
우주적 신분이 결정됩니다.

영혼마다 영혼의 진화 방향이 서로 다릅니다.
영혼마다 영혼이 체험해야 할 물질 체험이 다릅니다.
영혼마다 물질 체험을 시작하는 은하가 다릅니다.
영혼마다 물질 체험을 시작하는 항성계가 다릅니다.
영혼마다 물질 체험을 시작하는 행성이 다릅니다.

하늘이 영혼의 진화를 위해 정해 놓은
영혼의 물질 체험을 하는 가이드 라인이 있습니다.
영혼들이 영혼의 진화를 위한
영혼의 물질 체험을 위해서는
하늘의 엄격한 관리와 통제를 받고 있습니다.

영혼은 서로 다른 행성에서 동시에 진화를 할 수 있습니다.
한 영혼이 영을 분화하여 두개의 행성에서
서로 다른 영혼의 외투를 입고
서로 다른 생명체로 태어나
영혼의 물질 체험을 할 수 있는데
이것을 우주에서는 영혼의 차원간 진화라고 합니다.
또는 영혼의 차원간 동시 진화라고 합니다.

영혼은 차원간 진화를 통해 진화를 합니다.
영혼은 차원간 진화를 통해 효율적인 진화가 가능합니다.
영혼은 차원간 진화를 통해 시간과 공간을 달리해서
영혼의 진화가 이루어지고 있습니다.

영혼의 차원간 진화를 위해
하늘이 정해 놓은 규칙은 다음과 같습니다.

첫번째
상승하는 영혼들의 영혼의 차원간 진화는
2가지 차원에서만 동시에 가능합니다.

영혼의 물질 체험을 통한 영혼의 진화가
동시에 3~4개의 차원의 물질 체험을 하게 된다면
영혼의 물질 체험의 질이 떨어질 수밖에 없습니다.

왜냐하면 영들은 빠른 진화를 위해
차원간 동시 진화의 방법을 통해
역량이 안되는 영혼들까지 이 같은 방법을 선택하게 되면
영혼의 물질 체험의 질도 나빠지고
예상치 못한 카르마를 많이 쌓을 수 있기 때문에
하늘은 영들의 진화에 엄격한 규칙을 정해 놓았습니다.

두번째
물질 세상은 1차원에서 4차원이
서로 같은 시간과 공간속에 펼쳐져 있습니다.
같은 행성에서 2개의 차원을 동시에 체험할 수 없도록
엄격하게 규정하고 있습니다.

예를 들어 지구 행성에서
식물의 몸에 들어가고 인간의 몸에 동시에 들어가는 것은
우주에서는 불가능하다는 것입니다.

서로 다른 행성에서는
1차원의 광물 속에 들어가서 하는 물질 체험과
2차원의 식물의 몸에 들어가서 하는 물질 체험을
동시에 하는 것이 가능합니다.

서로 다른 행성에서는
한 영혼이 2차원의 식물체의 몸을 입고 태어나는 것과
인간으로 태어나는 것이 우주에서는 가능한 일입니다.

서로 다른 행성에서
종류가 다른 광물로 물질 체험을 하는 것은 가능합니다.
서로 다른 행성에서
서로 다른 식물로 2개의 차원을 체험하는 것은 가능합니다.

같은 행성에서 2개의 차원을 경험하는 것은 금지되어 있습니다.
왜냐하면 다양한 경험을 우선시하기 때문입니다.

세번째

영혼의 차원간 동시 진화는
영의 우주적 신분에 따라 엄격하게 제한됩니다.
영혼의 차원간 동시 진화는
영의 크기와 밀도 등에 따라 엄격하게 제한됩니다.
영혼의 차원간 동시 진화는
은하의 사정과 규정에 따라 진행됩니다.

영혼의 차원간 동시 진화는
항성계의 사정과 규정에 따라 진행됩니다.
영혼의 차원간 동시 진화는
행성 영단의 사정과 규정에 따라 진행됩니다.

영혼들은 차원간 진화를 통해 진화합니다.
영혼들은 차원간 동시 진화를 통해 진화합니다.
상승하는 영혼들은 차원간 동시 진화를 통해
후천적 사고조절자가 풍부해지며 영혼의 진화가 이루어지고 있습니다.

대우주의 운영 원리를 모르고 있던 인류들이
인간이 죽으면 축생으로 태어난다는
잘못된 윤회 관념을 가지게 되었습니다.

상승하는 모든 영혼들은 차원간 동시 진화를 통해
서로 다른 행성에서
서로가 서로에게 질좋은 서비스를 제공하고 있습니다.

이것이 대우주가 운영되는 방식이며
이것이 대우주가 진화하는 방식이며
이것이 대우주는 서로 연결되어 있다는 것이 갖는 의미입니다.

영혼들은 차원간 동시 진화를 통해
서로 다른 생명체의 옷을 입고
서로가 서로에게 질좋은 서비스를 제공하고 있습니다.

영혼들은 차원간 동시 진화를 통해
서로 다른 생명체의 옷을 입고
서로가 서로에게 질좋은 서비스를 제공하며
대우주의 생명유지 시스템에 참여하고 있습니다.

우리 모두는 하나입니다.
우리 모두는 서로 다른 영혼의 옷을 입고
우리 모두는 서로 다른 생명체의 옷을 입고
영혼의 진화를 하고 있는
창조주의 자녀임을 잊지 마시기 바랍니다.

시절인연이 되어
대우주의 비밀을
우데카 팀장이 전합니다.

우주적 신분에 따른
영혼의 차원간 동시 진화

영혼은 생명체의 근원입니다.

영혼은 생명체의 생명력의 근원입니다.

영혼은 생명과 함께합니다.

영혼은 생명체의 옷을 입어야 물질 체험을 할 수 있습니다.

생명은 순환하며 영혼은 성장합니다.

생명은 진화하며 영혼은 진화합니다.

생명은 유한하지만 영혼은 불멸입니다.

영혼이 있기에 생명이 있으며

생명이 있기에 영혼의 물질 체험이 존재할 수 있습니다.

영혼과 생명은 서로에게 꼭 필요한 존재이며

떨어질래야 떨어질 수 없는 존재입니다.

영혼은 차원간 동시 진화를 통해

다양한 생명체의 옷을 입을 수 있습니다.

영혼은 차원간 동시 진화를 통하여

영혼의 물질 체험을 다양하게 체험할 수 있습니다.

영혼은 차원간 동시 진화를 통하여

영혼의 진화를 빠르게 할 수 있습니다.

우주적 신분에 따른 영혼의 차원간 진화는
다음과 같은 대우주의 공리에 따라 집행되고 있음을 전합니다.

◈ 6차원 흰빛 영혼

탄생한지 얼마 되지 않은 어린 영혼들은
하나의 태양계 내에서만 영혼의 차원간 동시 진화를 통해
영혼의 물질 체험이 이루어지도록 규정되어 있습니다.
탄생된지 얼마 되지 않은 어린 영혼들이
너무 급격히 차이가 나는 행성에서 물질 체험을 하는 것이
안정적이지 않다고 보고
하나의 태양계 내에 있는 서로 다른 행성에서 동시에
영혼의 물질 체험이 이루어지도록 하고 있습니다.

첫번째 유형

흰빛 영혼들은 같은 태양계 내에서
주로 1차원 광물의 몸으로 들어가 체험하고 있습니다.
동시에 2차원 식물체의 몸에 들어가
식물체의 몸을 통한 영혼의 진화가 이루어지고 있습니다.

두번째 유형

흰빛 영혼들은 같은 태양계 내에서
1차원의 광물 속으로 들어가 체험이 이루어지고 있습니다.
다른 행성에서 3차원의 동물의 몸에 들어가서
그 행성의 동물의 생명 순환 시스템 속에 편입되어
영혼의 진화를 하고 있습니다.

세번째 유형

어느 정도 경험이 쌓이면

2차원과 3차원 동시에 영혼의 차원간 진화를 진행할 수 있습니다.

4차원 인간의 몸을 받기 위해서는

영혼의 우주적 신분이 6차원 12단계는 되어야 합니다.

◆ 8차원 은빛 영혼

서로 다른 태양계 내에서만 차원간 동시 진화가 가능합니다.

다른 항성계에서도 정해진 구역 내에서만

특정한 환경에서만 물질 체험이 가능합니다.

서로 다른 태양계 내에서도

행성마다 비슷한 환경을 가진 특정한 구역이 있습니다.

사막의 환경, 바다 환경, 습지 환경, 육지 생태계 등이 있습니다.

은빛 영혼들은 물질 체험을 할 때

너무 이질적인 환경이 아니라 비슷한 환경 내에서

차원간 동시 진화를 하도록 하였습니다.

이렇게 한 이유는 본영이 감당할 수 있을 정도의

유사한 환경을 제공해주려는 취지입니다.

너무 다른 환경에서는 어린 영혼들이 적응하지 못하기 때문이며

비슷한 환경과 조건을 갖춘 그룹끼리

하나의 구역으로 지정하여 관리하는 것이

효율적이라고 판단해서입니다.

◈ 10차원 핑크빛 영혼 그룹

영혼의 차원간 동시 진화시

서로 다른 항성계에서

비슷한 범주의 구역 내에서 진화할 수 있습니다.

서로 다른 환경이나

서로 다른 구역에서 동시에 2개 이상으로

차원간 진화를 할 수 있습니다.

예를 들어 2차원과 4차원에서 동시에 진화할 수 있습니다.

A라는 행성에서 4차원의 인간으로 태어날 수 있으며

B라는 행성에서 2차원의 꽃으로 들어갈 수 있으며

C라는 행성에서 B행성과 유사한 환경에서

다른 식물의 몸에 들어가서 진화를 할 수 있습니다.

◈ 12차원 노란빛 영혼 그룹

A 그룹

태어날 때부터 12차원으로 탄생한 영혼

일반적으로 6차원과 10차원으로 영을 분화하여

6차원으로 분화한 영혼은

흰빛 영혼과 은빛 영혼들이 하는

차원간 진화 여정을 하게 됩니다.

10차원으로 분화한 영혼은

핑크빛 영혼들이 하는 진화 과정을 밟으면서

진화를 하게 됩니다.

B 그룹

1차원부터 진화해서 12차원이 된 경우는
12차원 13단계 이하의 영혼들은
A라는 행성의 4차원에 있는 인간과 같은
높은 의식을 구현할 수 있는
생명체의 봄을 입을 수 있습니다.

12차원 14단계와 15단계의 영혼들은
서로 다른 행성의 4차원에
2명의 인간을 낼 수 있습니다.
이때 10차원에 두 개의 영으로 분화하여 아바타를 냅니다.

4차원에 있는 의식이 있는 생명체의 외투는
동일할 필요는 없지만 어느 정도 유사성이 있는 에너지를 택해서
육화가 가능합니다.

◆ 14차원 물질세계를 졸업한 녹색빛 영혼 그룹
우주의 행정 관리에 참여합니다.
우주 운영에 참여하기 위해 아바타를 내는 것이기 때문에
제약이 적습니다.

동일한 은하 내 어디든 아바타를 낼 수 있습니다.
4차원 물질 체험을 할 때 외투종에 상관없이
아바타를 낼 수 있습니다.

14차원 13단계까지는
자신이 속한 은하 내에 속한 행성의 4차원에
아바타 2명을 동시에 낼 수 있습니다.
14차원 13단계 이상은
아바타 3명을 4차원에 낼 수 있습니다.

기록의 필요성이 있어
정리의 필요성이 있어
우데카 팀장이 이 글을 기록으로 남깁니다.

푸른 행성 지구의 비밀

죄와 벌

지구 행성은 우주의 죄인들이 카르마를 해소하고 있는
감옥행성입니다.
지구 행성은 죄를 짓거나 문제가 있는 천사들의 교정을 위해
준비된 행성입니다.
지구 행성의 영단은 우주에서 죄를 지은 영혼들과 천사들로
포화 상태가 되었습니다.

지구 행성은 이미 우주에서 죄를 지어
유배된 영혼들로 넘쳐났습니다.
지구 행성에서 인간의 몸을 받아 카르마를 해소하는 것이
매우 어려운 상황이 되었습니다.

하늘의 천사들과 우주적 신분이 높은 하강하는 영혼들은
가축이나 동물의 몸에 들어가거나
광물이나 식물의 몸에 들어가서
영혼의 물질 체험을 하지 않는 것이 우주의 법칙입니다.

자신들의 카르마와 모순을 해소하기 위해
지구 행성 영단에서 대기하고 있던 영혼들과 창조주 사이에
언약이 있었습니다.

첫번째 : 하강하는 영혼들인 천사들과의 언약

자신이 인간의 몸을 받아

카르마를 해소할 수 있는 기회가 돌아올 때까지

지구 행성에 가축이나 동물들로 태어나

인류를 위해 봉사할 수 있는 기회가 주어졌습니다.

카르마를 해소할 수 있는 기회를 얻기 위해

하늘의 천사들이 지구 행성에 있는

광물이나 식물의 몸에 들어가거나

가축이나 동물의 몸에 들어가서

인간의 몸을 받아 카르마를 풀고 있거나

영혼의 물질 체험을 통해 영혼의 진화를 하고 있는 인류에게

봉사할 수 있는 기회가 주어졌습니다.

지구 행성에 가축이나 동물의 몸에 들어와서

영혼의 물질 체험을 하는 영혼들은 일반 영혼들이 아닙니다.

지구 행성에 가축이나 동물의 몸에 들어와서

영혼의 물질 체험을 하는 영혼들은

영혼의 진화를 위해서가 아니라

자신들의 우주의 카르마를 해소할 수 있는

기회를 얻기 위해서입니다.

두번째 : 상승하는 영혼들과의 언약

상승하는 영혼들은 1차원에서부터 14차원까지

영혼의 물질 체험을 통해 진화하는 영혼을 말합니다.

상승하는 영혼들은 행성의 카르마와 윤회 시스템의 법칙 속에서
인간으로 태어나 서로의 카르마를 해소하는 것이
우주의 일반적인 법칙입니다.

상승하는 영혼들은 이미 광물이나 식물들 또는
가축이나 동물의 몸을 통해 진화한 영혼들입니다.
상승하는 영혼들 중 우주에서 저지른 카르마가 너무나 커서
카르마를 빨리 해소하기 위해
지구 행성에서 인간으로 태어나기도 하며
광물이나 식물의 몸에 들어가거나
가축이나 애완동물 그리고 야생동물로 태어나
카르마를 해소할 수 있는 기회가 지구 행성에서 허용되었습니다.

지구 행성은 우주에서 가장 슬프고 슬픈 행성입니다.
지구 행성은 오직 우주의 카르마를 해소하기 위해서
선정된 감옥행성입니다.

가축이나 동물의 삶의 체험을 통해서
영혼의 진화를 마친 영혼이 가축이나 동물로 다시 태어나
인류를 위한 희생과 봉사를 통해
자신들의 카르마를 해소할 수 있는 기회가 주어졌습니다.

우주의 법칙상 한 영혼이 같은 행성에서 인간으로 태어나고
같은 행성에서 동물로 동시에 태어나는
영혼의 차원간 동시 진화는 엄격하게 금지되어 있습니다.

카르마가 너무 큰 일반 영혼들에게
카르마를 빨리 해소하기 위한 방편으로
오직 지구 행성에서만
인간으로 태어나 자신의 영혼이 분화한 가축의 살을 먹으면서
카르마를 해소할 수 있는 기회가 주어졌습니다.

하늘의 입장에서 식물이나 동물의 몸에 들어가서
수백만 년 동안의 시간을 거쳐 영혼의 진화를 마친 영혼에게
다시 식물이나 동물로 태어나게 하는 가슴 아픈 결정을
내릴 수밖에 없었습니다.

카르마가 너무 큰 영혼들을 소멸시키지 않기 위해
카르마가 너무 많아 정상적인 방법으로는 카르마를 해소하는데
너무나 많은 우주의 시간이 필요했기 때문입니다.
카르마의 해소 없이 영혼은 진화를 할 수 없기 때문입니다.
카르마의 해소 없이 영혼의 물질 체험은 불가능하기 때문입니다.

지구 행성은 영혼의 물질 체험의 난이도가
11배 정도 힘든 행성입니다.
지구 행성은 다른 행성에 비해 11배나 살기 힘든 행성이기에
지구 행성에서의 카르마 해소는
약 5배 정도 빨리 해소할 수 있었습니다.

카르마를 빠르게 해소하기 위해
영혼들의 진화가 정상적으로 이루어지도록 하기 위해

영혼의 차원간 동시 진화가
지구 행성에서 예외적으로 한시적으로 허용되었습니다.

오직 지구 행성에서만
인간으로 태어나는 동시에 광물과 식물의 몸에 들어가서
카르마를 해소할 수 있도록 영혼의 차원간 동시 진화가 허용되었습니다.
인간으로 태어나 있는 내가
자신의 영혼이 깃든 광물이나 식물을 집안에 모아 놓고
감상하고 아끼며 사랑할 수 있는 기회가 주어졌습니다.

지구 행성은 슬프고 슬픈 행성입니다.
가축들의 슬픈 눈을 들여다 보십시오.
그들의 카르마 에너지를 느끼는 사람이 있었을 것입니다.
애완동물들의 눈을 들여다 보십시오.
그들의 카르마 에너지를 느끼는 사람이 있을 것입니다.

지구 행성은 참 아프고 아픈 행성입니다.
지구 행성에서 카르마를 빨리 해소하기 위해
인간으로 태어나 있는 영혼이
자신의 영혼이 깃들어 있는 수석을 모으고 난을 키우며 있으며
자신의 영혼이 깃들어 있는 가축의 고기를 먹고 있으며
자신의 영혼이 깃들어 있는 애완동물과 동행하며 살고 있습니다.

특별한 이유없이 특정한 가축의 고기를
전혀 먹지 못하는 경우가 여기에 해당됩니다.

특별한 이유없이 특정한 가축만을 좋아하고
지나치게 집착하고 애착이 가는 경우가 있습니다.
특별한 이유없이 특정한 가축이나
애완동물의 마니아가 되어있는 경우가 여기에 해당됩니다.

보이지 않는 세계의 법칙과 원리를 알게 되면
세상에 펼쳐져 있는 것들에는
반드시 카르마의 법칙과 인연법의 법칙이
함께하고 있음을 알 수 있습니다.

지구 행성에 살고 있는 동물들 중에
인간에게 단백질 공급원이 되어 주면서
인간과 함께 살고 있는 가축들이
카르마가 제일 많은 영혼 그룹입니다.
그 다음이 애완동물로 태어난 영혼이 카르마가 많으며
야생에 살고 있는 야생 동물들의 카르마가 상대적으로 적습니다.

지나치게 애완동물에 집착하는 사람들이 있습니다.
애완동물이 사람에게 지나치게 충성을 다하는 경우가 있습니다.
이런 경우에는 서로 다른 영혼들끼리
카르마를 해소하고 있는 경우입니다.

밀림 지역에서 인간과 동행하고 있는 코끼리는
일반 영혼들끼리 카르마를 푸는 경우입니다.
카르마가 많은 영혼이 코끼리로 태어나고

카르마가 적은 영혼이 인간으로 태어나
카르마를 해소하고 있는 경우입니다.

소와 원숭이를 신성시하는 경우는
행성을 멸망으로 이끌었던 영단 지도자가
카르마를 해소하기 위한 기회를 얻기 위해
소와 원숭이로 환생한 경우입니다.
행성의 영단 관리자는 카르마가 너무 커서
인간으로 태어나지도 못하고 소나 원숭이로 태어나
행성 주민들에게 숭배를 받고 있는 경우가 있습니다.

하늘의 천사들이
가축이나 애완동물로 태어나는 것은
카르마를 해소하기 위해 준비된 감옥행성인
지구 행성에서만 가능한 일입니다.

우주의 모든 아픔과 사연이 지구 행성 곳곳에 새겨 있습니다.
우주의 모든 카르마들이 지구 행성 곳곳에 새겨져 있습니다.
우주의 모든 어둠들이 지구 행성 곳곳에 퍼져 있습니다.
우주에서 발생한 모든 악행들과 범죄의 흔적이
지구 행성 곳곳에 묻어 있습니다.

이것이 눈부시게 아름다운
푸른 행성 지구의 비밀입니다.

전생 리딩 프로그램을 시작하며

생명은 생로병사의 순환을 합니다.
생명은 생명의 순환을 통해 진화합니다.

영혼은 생명을 통하여 진화합니다.
영혼은 물질 체험을 통해 진화합니다.

생명은 윤회 시스템을 통하여 진화합니다.
영혼은 윤회 시스템이 있기에 진화를 할 수 있습니다.

생명은 카르마 시스템을 통하여 에너지의 균형을 잡습니다.
영혼은 카르마 시스템을 통하여 영 에너지의 균형을 잡습니다.

윤회 시스템은 하늘의 프로그램입니다.
윤회 시스템이 없다면 영혼의 진화도 없습니다.
윤회 시스템이 없다면 우주의 진화도 없습니다.

윤회 시스템이 있기에 생명의 순환이 가능합니다.
윤회 시스템이 있기에 에너지의 법칙이 가능합니다.
윤회 시스템이 있기에 카르마의 법칙이 있습니다.

카르마는 하늘의 프로그램입니다.
카르마는 영혼이 경험한 과도한 에너지를 말합니다.
카르마는 영혼이 경험한 불균형한 에너지를 말합니다.

영혼의 입장에서 삶은 다양한 에너지들을 체험하는 것입니다.
영혼의 입장에서 삶은 나에게 부족한 에너지들을 체험하는 것입니다.
영혼의 입장에서 삶은 나에게 부족한 에너지들을 체화하여
나의 것으로 만드는 과정입니다.

영혼의 입장에서 삶은 나에게 주어진 에너지들을 발산하는 것입니다.
영혼의 입장에서 삶은 나에게 부여된 달란트를 발현하는 것입니다.
영혼의 입장에서 삶은 창조주께서 나에게 부여한
고유성과 개별성을 토대로 영혼이 진화하는 것입니다.

지금이라는 시간속에는 과거와 미래가 동시성으로 존재합니다.
우주는 연속성으로 존재합니다.
인간의 삶은 연속성으로 존재합니다.

오늘의 내가 내일의 내가 될 수 있는 것은
연속성이 있기 때문입니다.

오늘의 내가 내일의 내가 될 수 있는 것은
기억으로 서로 연결되어 있기 때문입니다.

어제의 내가 오늘의 내가 될 수 있는 것은
기억으로 서로 연결되어 있기 때문입니다.

어제의 나와 오늘의 내가 서로 하나가 될 수 있는 이유는
시간은 다른 곳에 있지만 같은 공간 속에서 예측 가능한 일들이
연속성으로 일어나기 때문입니다.

전생의 나와 현생을 이어주는 것은 영혼의 기억입니다.
전생의 나와 현생을 이어주는 것은 영혼의 경험입니다.
전생의 나와 현생을 이어주는 연결고리는 내 영혼입니다.

전생의 나와 현생을 이어주는 것은 느낌속의 느낌입니다.
전생의 나와 현생을 이어주는 것은 몸의 정령입니다.
전생의 나와 현생을 이어주는 것은 백 에너지입니다.

전생의 나와 현생을 이어주는 것은 윤회 시스템입니다.
전생의 나와 현생을 이어주는 것은 카르마 에너지입니다.

전생의 나와 현생을 이어주는 것은 영 에너지입니다.

전생 리딩을 통하여 영혼의 존재를 만날 수 있습니다.
전생 리딩을 통하여 영혼과 대화를 나눌 수 있습니다.
전생 리딩을 통하여 영혼이 원하는 것을 알 수 있습니다.

전생 리딩을 통하여 왜 윤회가 필요한지 알 수 있을 것입니다.

전생 리딩을 통하여 어떻게 윤회가 이루어지는지 알 수 있을 것입니다.

전생 리딩을 통하여 윤회 프로그램이 짜여지는 원리를
알 수 있을 것입니다.

전생 리딩을 통하여 카르마 에너지를 읽을 수 있을 것입니다.

전생 리딩을 통하여 카르마의 내용을 알 수 있을 것입니다.

전생 리딩을 통하여 카르마와 영혼의 진화와의 관계를
알 수 있을 것입니다.

전생 리딩을 통하여 사후세계를 알 수 있을 것입니다.

전생 리딩을 통하여 다음 생을 예측할 수 있을 것입니다.

전생 리딩을 통하여 하늘이 일하는 방식을 이해할 수 있을 것입니다.

전생 리딩을 통하여 하늘의 구조를 이해할 수 있을 것입니다.

전생 리딩을 통하여 하늘의 실체를 이해할 수 있을 것입니다.

전생 리딩을 통하여 하늘의 사랑을 이해할 수 있을 것입니다.

전생 리딩을 통하여 하늘이 설치한 매트릭스들을
이해할 수 있을 것입니다.

전생 리딩을 통하여 하늘이 설치한 천라지망을
이해할 수 있을 것입니다.

전생 리딩을 통하여 하늘의 공평무사함과 하늘의 공리를
이해할 수 있을 것입니다.

제2부

하늘의 신성한 약속

하늘은 하늘 스스로 정한 그 길을 갑니다.

사람은 누구나 하늘에서 정한 그 길을 가고 있습니다.

하늘을 믿는다는 것은 세상 모든 것은

하늘 스스로 정한 길을 가고 있음을 믿는 것입니다.

우리 모두의 삶은 각자의 영혼과 하늘이 한

신성한 약속들이 집행되고 있음을 아는 것입니다.

하늘이 존재하는 이유

하늘은 대우주에 질좋은 서비스를 제공하는 주체입니다.
하늘은 대우주에 새로운 생명체를 창조하여 제공하는 주체입니다.
하늘은 대우주에 새로운 영혼을 창조하여 제공하는 주체입니다.

하늘은 대우주를 관리하고 운영하는 주체입니다.
하늘은 대우주의 진화를 책임지고 있는 주체입니다.
하늘은 영혼들의 진화를 책임지고 있는 주체입니다.

하늘은 대우주에 영혼들이 입을 신상품인
다양한 생명체의 외투를 공급하는 주체입니다.
하늘은 영혼들이 물실 체험을 잘할 수 있도록
행성들을 창조하여 제공하는 주체입니다.
하늘은 영혼들이 물질 체험을 할 수 있도록
태양들을 창조하여 제공하는 주체입니다.

하늘은 영혼의 물질 체험을 하고 있는
영혼들의 윤회 프로그램을
운영하고 관리하는 주체입니다.
하늘은 영혼의 물질 체험을 하고 있는
영혼들의 카르마 시스템을
운영하고 관리하는 주체입니다.

하늘이 존재하는 이유는
당신이 눈에 보이는 것이 전부라고 믿고
그렇게 살 수 있도록 하는데 있습니다.

하늘이 존재하는 이유는
당신이 눈에 보이시 않는 세계를 믿지 않으며
눈에 보이는 물질 세상이 전부라고 믿고 살게 하는데 있습니다.

하늘이 존재하는 이유는
종교에서 말하는 신이 진짜라고 믿게 하여
자신의 의식 수준에 맞는 신을 찾고 믿게 하는데 있습니다.

하늘이 존재하는 이유는
자신이 믿는 신이 진짜라고 믿게 하여
자신의 영혼의 진화 수준에 맞는 신을 찾고 믿게 하는데 있습니다.

하늘이 존재하는 이유는
영혼의 물질 체험을 하고 있는 의식이 있는 생명체들이
하늘이 있는 줄도 모르고 흥미있고 지루하지 않는 삶을
살게 하는데 있습니다.

하늘이 존재하는 이유는
이곳이 영혼의 물질 체험을 위해
하늘이 설치한 연극 무대라는 것을 눈치채고 알아채지 못하도록
매트릭스를 유지하고 관리하는데 있습니다.

하늘이 존재하는 이유는
하늘이 있는 줄 모르게 하는 것이며
하늘이 없다고 믿게 하는 것입니다.
그래야 당신의 영혼이 더 많은 것을 배울 수 있으며
당신의 영혼이 더 많이 성장할 수 있기 때문입니다.

하늘이 존재하는 이유는 당신이 태어나기 전에
하늘에서 약속한 삶의 프로그램대로 살 수 있도록 하는데 있습니다.

하늘이 존재하는 이유는
당신이 하늘에서 농부가 되기로 프로그램해놓고
의사가 되기를 원한다면
당신이 농부의 삶을 살 수 있도록
하늘의 행정 명령을 발동하여 바로 잡기 위해서입니다.

하늘이 존재하는 이유는
자유의지를 가진 당신의 욕망이 내뿜고 있는
다양한 변수를 제거하고 관리하기 위해서입니다.

하늘은 당신이 태어나기 전
당신의 영혼의 진화를 위해
당신 스스로 프로그램한 삶의 프로그램대로
당신의 삶이 펼쳐질 수 있도록 다양한 변수를 제거하며
당신의 삶이 원안대로 집행될 수 있도록
공정하게 관리하는 역할이 하늘이 존재하는 진짜 이유입니다.

인간의 입장에서는
모순이 많은 사회일수록
부조리한 사회일수록
불합리한 사회일수록
사회적 모순이 많은 사회일수록
인간의 삶은 괴로울 수밖에 없습니다.

하늘의 입장에서는
모순이 많은 사회일수록
부조리한 사회일수록
사회적 모순이 많은 사회일수록
물질 체험을 하는 영혼들에게는
다양한 프로그램을 기획할 수 있는 최적의 장소이기 때문입니다.
이것이 하늘이 존재하는 불편한 진실입니다.

하늘이 존재하는 이유는
당신에게 복을 주기 위해 존재하지 않습니다.
하늘이 존재하는 이유는
당신을 심판하여 천국이나 지옥으로 보내기 위해
존재하지 않습니다.

하늘이 존재하는 이유는
영혼의 물질 체험을 통한 영혼의 진화가 이루어질 수 있도록
이곳이 진짜처럼 느끼게 하는 것이
하늘이 존재하는 진짜 이유입니다.

하늘이 존재하는 이유는
하늘이 설치한 매트릭스가
매트릭스인지조차도 눈치채지 못하도록
물질 매트릭스를 관리하고
종교 매트릭스를 운영하는 것입니다.

하늘이 존재하는 이유는
영혼의 물질 체험을 하는 이곳이
연극 무대를 연극 무대인지 모르게 관리하는 것입니다.

하늘이 존재하는 이유는
영혼이 다양한 물질 체험을 할 수 있도록
영혼의 물질 체험이 지루하지 않도록
영혼이 다양한 에너지들을 체험할 수 있도록
관리하고 도와주는 역할입니다.

하늘이 존재하는 이유는
당신이 이곳에서 우주적 신분을 잊어버리고
우주의 계급장을 떼고
영혼의 나이별로
영혼의 프로그램대로
영혼의 공부를 위해
영혼의 진화를 위해
아무것도 모르게 아무도 모르게
우주 학교를 공정하게 운영하는 것입니다.

하늘이 존재하는 이유는
창조주께서 삼라만상에 펼쳐 놓은 에너지들을
창조주께서 삼라만상에 펼쳐 놓은 사랑을
창조주께서 삼라만상에 펼쳐 놓은 진리를
영혼의 진화 과정에 맞게
영혼의 의식 수준에 맞게
영혼의 나이에 맞게 체험할 수 있도록
공정하게 공평무사하게 관리하고 운영하는데 있습니다.

하늘이 존재하는 이유는
대우주에 창조주께서 펼쳐 놓은 에너지들을
마음껏 체험할 수 있도록
마음껏 즐길 수 있도록
마음껏 뛰어놀 수 있도록
새로운 마당(행성이나 은하의 창조)을 만들고
예쁘고 아름다우며 잘 어울리는 옷
(영혼이 물질 체험을 할 때 입어야 하는 외투)을
다양하게 만들어 주는데 있습니다.

하늘이 존재하는 이유는
생명을 가진 존재들이
지능을 가진 생명체들이
의식을 가진 생명체들이
서로의 자유의지가 충돌할 때
자신의 자유의지만을 고집할 때

타인의 자유의지를 심각하게 침범할 때
공정한 게임의 룰(우주의 법칙)을 정하고
공평무사하게 집행하는데 있습니다.

하늘이 존재하는 이유를 알고 있다면
이 우주에서 잘못되는 것은
아무것도 없다는 것을 알고 있는 사람일 것입니다.

하늘이 존재하는 진짜 이유를 알고 있는
소수의 깨어난 인자들만이
하늘의 뜻을 땅에 왜곡없이 전달할 수 있을 것입니다.

하늘이 존재하는 진짜 이유를 알고 있는 사람만이
새 하늘과 새 땅의 주인이 될 수 있을 것입니다.

당신이 하늘을 만나고 있는 순간

사람마다 입고 있는 옷의 모양이 다릅니다.
사람마다 담겨져 있는 그릇의 모양이 다릅니다.

사람마다 입고 있는 옷의 크기가 다릅니다.
사람마다 담겨져 있는 그릇의 크기가 다릅니다.

사람마다 입고 있는 옷의 색깔이 다릅니다.
사람마다 담겨져 있는 그릇의 용도가 다릅니다.

어떤 사람은 삼십 년을 살면서
한 번도 울어본 적이 없는 사람도 있습니다.

어떤 사람은 부모님이 죽었는데도 눈물이 나지 않아
당황하는 사람도 있습니다.

어떤 사람은 노래를 부르면서도
노래에 담긴 감정을 느끼지 못하며 살고 있는 사람도 있습니다.

인간은 감정이라는 옷을 입고 살고 있습니다.
인간은 의식이라는 빚어진 그릇의 모양대로 살고 있습니다.

인간은 감정이라는 에너지를 발산하며 살고 있습니다.
인간은 의식이라는 빚어진 그릇의 크기대로 살고 있습니다.

인간은 감정이라는 에너지들을 서로 교류하며 살고 있습니다.
인간은 의식이라는 빚어진 그릇의 용도대로 살고 있습니다.

마음이라는 것은 하늘이 당신에게 입혀놓은 옷의 모양입니다.
마음이라는 것은 하늘이 당신에게 빚어놓은 그릇의 모양입니다.

마음이라는 것은 하늘이 당신에게 입혀놓은 옷의 색깔입니다.
마음이라는 것은 하늘이 당신에게 빚어놓은 그릇의 크기입니다.

마음이라는 것은 하늘이 당신에게 입혀놓은 옷의 크기입니다.
마음이라는 것은 하늘이 당신에게 빚어놓은 그릇의 크기입니다.

마음이라는 것은 하늘이 인간에게 빚어놓은 인간의 모순입니다.
마음이라는 것은 하늘이 당신에게 빚어놓은 당신의 모순입니다.

마음이라는 것은 영혼의 물질 체험을 위해
하늘이 인간의 몸에 심어놓은 매트릭스입니다.
마음이라는 것은 영혼의 진화를 위해
하늘이 인간의 몸에 심어놓은 천라지망입니다.

당신의 마음속에는 당신이 해결해야 하는 모순이 있습니다.
당신의 마음속에는 당신이 극복해야 하는 모순이 있습니다.

사람들 마음속에는 하늘이 빚어놓은
마음 보따리들의 크기가 모두 다릅니다.
사람들 마음속에는 하늘이 빚어놓은
마음 보따리에 담긴 내용이 모두 다릅니다.

마음을 잘 쓰기가 어려운 이유가 여기에 있습니다.
내 마음을 내 마음대로 할 수 없는 이유가 여기에 있습니다.

내 마음이 내 마음대로 되지 않을 때
당신은 하늘이 심어놓은 모순과 마주 보고 있는 것입니다.

내 마음대로 세상일이 되지 않을 때
당신은 하늘이 심어놓은 모순과 대치하고 있는 것입니다.

내 마음대로 타인의 마음이 따라주지 않을 때
당신은 그 사람을 통해 그 사람의 하늘을 만나고 있는 것입니다.

그 사람의 하늘이 마음에 들지 않으십니까?
그 사람의 하늘에 절망하고 있으십니까?

그 사람의 하늘이 어디가 그리 마음에 드십니까?
그 사람의 하늘이 당신의 마음을 아프게 하고 있으십니까?

그 사람이 지고 가야 하는 하늘이라는 등짐이
마음에 들지 않아 고민이십니까?

그 사람에게 빚어놓은 하늘이 마음에 들지 않아 고민이십니까?
그 사람에게 하늘이 빚어놓은 하늘은 보이는데
당신에게 하늘이 빚어놓은 당신의 하늘은 보이지 않으십니까?

사람이 산다는 것은 자신의 하늘을 만나기 위해서입니다.
사람이 산다는 것은 타인의 하늘을 만나기 위해서입니다.

사람이 산다는 것은
자신의 하늘이 최고가 아님을 배우는 과정입니다.

사람이 산다는 것은 서로의 마음이 충돌하는 과정입니다.
사람이 산다는 것은 서로의 하늘이 충돌하는 과정입니다.

사람이 산다는 것은 상처를 주기도 하며 상처를 받으면서
타인의 하늘을 배우고 인정하는 과정입니다.

사람이 산다는 것은 나의 하늘과 타인의 하늘이
서로 공존하는 법을 배우는 과정입니다.

사람이 산다는 것은 나의 하늘과 당신의 하늘이
서로 다르지 않다는 것을 배우는 과정입니다.

서로의 마음이 함께하지 못한다는 것은
서로에게 심어놓은 하늘이 공명하지 못하고 있다는 것입니다.

서로의 마음이 함께한다는 것은
서로에게 심어놓은 하늘이 서로 공명하고 있다는 것입니다.

그 사람의 하늘 때문에 실망하고
그 사람의 하늘 때문에 화가 난 사람들의 건승을 빕니다.

그 사람의 하늘 때문에 기뻐하고
그 사람의 하늘 때문에 행복한 사람들의 건승을 빕니다.

하늘이 당신을 지극히 사랑하면 사랑할수록

하늘이 당신을 지극히 사랑하면 사랑할수록
당신의 삶은 고달프고 힘든 삶이 됩니다.
하늘이 당신을 지극히 사랑하면 사랑할수록
당신의 영혼은 진화하게 됩니다.

하늘이 당신을 지극히 사랑하면 사랑할수록
당신의 의식이 깨어나기 전에는
당신의 삶은 하늘을 원망하며 살아야 합니다.

하늘이 당신을 지극히 사랑하면 사랑할수록
당신의 손과 발은 매우 바쁘고 편히 쉬지 못하는
고단한 삶을 살아야 합니다.
하늘이 당신을 사랑하면 사랑할수록
당신의 삶은 힘들어질 것입니다.

하늘이 당신을 사랑하면 사랑할수록
당신의 의식이 깨어나기 전에는
당신은 하늘을 향해 원망하고 분노할 것입니다.

하늘이 당신을 사랑하면 사랑할수록
당신은 세상 사람들로부터 분리되어 외롭게 살고 있을 것입니다.

하늘이 당신을 사랑하면 사랑할수록
당신은 하늘의 마음을 닮아있을 것입니다.

하늘이 당신을 특별히 사랑하면 사랑할수록
당신의 의식이 깨어나기 전에는
윤회를 끊어 버리겠다고
다시 인간으로 태어나 살고 싶지 않다고
발버둥치며 불평과 불만 속에서 두려움 속에서 살게 될 것입니다.

하늘이 당신을 사랑하면 사랑할수록
당신의 삶은 아리랑 고개를 넘고 또 넘어야 하는
한 치 앞도 보이지 않는 힘든 삶을 살아야 합니다.

하늘이 당신을 사랑하면 사랑할수록
당신의 영혼은 빛이 나게 될 것입니다.
하늘이 당신을 지극히 사랑하면 사랑할수록
당신의 마음은 보살과 부처의 마음을 품게 될 것입니다.
하늘이 당신을 사랑하면 사랑할수록
당신의 영혼은 기뻐할 것이지만
욕심과 욕망을 가진 당신은 하늘을 원망하게 될 것입니다.

하늘이 당신을 특별하게 사랑하면 사랑할수록
당신은 세상에서 가장 낮은 곳에 있게 될 것입니다.
하늘이 당신을 특별하게 사랑하면 사랑할수록
당신의 삶은 아무도 부러워하지 않는 삶을 살아야 합니다.

하늘이 당신을 특별하게 사랑하면 사랑할수록
당신은 진흙 속에서 타인을 위한 꽃 한 송이를 피워야 하는
슬픈 운명을 가진 사람이 될 것입니다.

하늘이 당신만을 특별하게 사랑하면 사랑할수록
당신의 삶은 외로워지고 고독한 삶이 될 것입니다.
하늘이 당신만을 특별하게 사랑하면 사랑할수록
당신의 삶은 타인으로부터 인정받지 못하고
손가락질당하는 삶이 될 것입니다.

하늘에 자신만을 특별하게 사랑해달라고
기도하는 사람들이 참 많습니다.
하늘에 특별한 사람이 될 수 있도록 해달라고
기도하는 사람들이 있습니다.

하늘에 남들이 가지지 못한 특별한 영적인 능력을 갖게 해달라고
기도하는 사람들이 있습니다.
하늘에 남들에게는 없는 특별한 재주와 능력을 갖게 해달라고
기도와 수행을 하는 사람들이 참 많습니다.

하늘의 마음을 얻기 위해
하늘의 특별한 사랑을 얻기 위해
하늘의 특별한 사랑을 받기 위해
하늘을 섬기는 사람들이 참 많습니다.

하늘이 내 기도를 들어주기만 하면
세상을 이롭게 하겠다고
어지러운 세상을 구하겠다고
하늘에 조건부 기도를 청하는 사람들이 있습니다.

하늘이 내 소원을 들어주기만 하면
하늘에 내 인생을 맡기겠다고
새끼 손가락을 걸어 약속을 하듯이
하늘에 조건을 걸고 맹세하는 사람들이 있습니다.

하늘이 내 기도와 내 소원을 들어주기만 하면
하늘에 목숨을 바쳐 충성을 다하겠다고
인간의 굳은 맹세를 하는 사람들이 있습니다.

하늘의 일에는 사사로움이 없습니다.
하늘의 일은 언제나 공평무사합니다.

당신이 하늘의 특별한 사랑을 받고 싶어하는 마음이 있을 뿐
하늘은 누군가를 특별하게 사랑하지 않습니다.
당신은 끊임없이 하늘의 특별한 사랑을 받기 위해 기도하지만
하늘은 누군가를 특별하게 사랑할 수 없습니다.
당신은 하늘의 특별한 선물을 받기 위해 수행을 하고 있지만
하늘은 당신만을 특별하게 사랑하여
당신에게만 하늘의 특별한 선물을 주지 않습니다.

당신이 하늘의 특별한 사랑을 받고 있다면
그것은 하늘과 당신 영혼 사이에 선약이 있기 때문일 것입니다.

당신이 하늘의 특별한 사랑을 받고 있다면
아무도 없는 이곳에서
아무것도 없는 이곳에서
아무도 알아주지 않는 이곳에서
당신이 하늘 일을 하기로 약속된 하늘 사람이기 때문입니다.

당신이 하늘의 특별한 사랑을 받고 있다면
아무도 당신의 삶을 부러워하지 않는 삶을 살고 있을 것입니다.
당신이 하늘의 특별한 사랑을 받고 있다면
당신은 별볼일 없는 사람으로
남의 말을 듣지 않는 고집이 센 사람으로
평범한 아줌마와 아저씨로 살고 있을 것입니다.

하늘이 당신을 지극히 사랑하면 사랑할수록
그때가 되기 전까지는
하늘의 보물인 당신을 세상으로부터 보호하기 위해
당신을 별볼일 없는 사람으로 위장해 놓았을 것입니다.

하늘이 당신을 지극히 사랑하면 사랑할수록
그때가 되기 전까지는
우주의 보물인 당신을 아무도 탐내지 못하도록
수많은 봉인들을 통하여

남들보다 조금 더 부족한 사람으로 위장해 놓았을 것입니다.

하늘의 지극한 사랑을 많이 받은 사람일수록
자신이 보물인지도 모르고
자신이 보살인지도 모르고
자신이 부처인지도 모르고
그냥 평범한 사람으로 살고 있을 것입니다.

이것이 하늘이 일하는 방식이며
이것이 하늘이 당신을 지극히 사랑하는 방식이며
이것이 하늘의 권능이기 때문입니다.

하늘의 사랑을 지극히 받고 있는
하늘 사람들의 건승을 빕니다.
하늘의 특별한 사랑을 받고 있는
빛의 일꾼들의 건승을 빕니다.

내 마음을 내 마음대로 할 수 없는 이유

내 마음을 내 마음대로 할 수 있다고 믿는 사람은
아직 철이 덜든 사람일 것입니다.

내 마음을 내 마음대로 할 수 없다는 것을 깨닫는 데는
그리 오랜 시간이 필요하지 않았을 것입니다.

내 마음을 내 마음대로 할 수 없는 이유는
내 마음이 나의 현재의식에서만 나오는 것이 아니라
당신의 영혼에게서 직접 나오기 때문입니다.

내 마음을 내 마음대로 할 수 없는 이유는
당신의 마음이 지금처럼 작동하도록
조물주에 의해 그렇게 조물되었기 때문입니다.

내 마음을 내 마음대로 할 수 없는 이유는
당신의 마음 보따리의 크기를 지금처럼 작동되도록
조물되어 태어났기 때문입니다.

내 마음을 내 마음대로 할 수 없는 이유는
당신의 마음 발생 장치에 하늘이 심어 놓은 프로그램이
당신의 의지와 상관없이 작동되기 때문입니다.

내 마음을 내 마음대로 할 수 없는 이유는
당신의 마음 발생 장치에 하늘의 천사들이 배속되어
당신의 마음에 직접 관여하고 있기 때문입니다.

당신 몸에 배속된 천사들은 당신과 평생동안 동행하며
당신의 감정과 의식의 작용에 직접 관여하고 있습니다.

당신 몸에 배속된 천사들은 당신과 평생동안 동행하며
당신의 성격의 형성과 마음의 작용에 직접 관여하고 있습니다.

당신 몸에 배속된 천사들의 개성에 따라
당신의 성격의 형성에 영향을 미치고 있습니다.

당신 몸에 배속된 천사들의 특성에 따라
당신의 마음의 크기가 달라집니다.

당신 몸에 배속된 천사들의 임무와 역할이 변해야
당신의 성격이 변하게 됩니다.

인간의 몸에 배속된 천사들의 임무와 역할이 변해야
인간의 운명이 바뀌게 됩니다.

인간의 몸에 배속된 천사들의 임무와 역할이 바뀐다는 것은
인간에게 새로운 삶의 프로그램이 진행된다는 것을 의미합니다.

인간의 몸에 배속된 천사들이 바뀌지 않는 한
인간의 성격은 그 사람의 천성이 됩니다.

인간의 몸에 배속된 천사들이 바뀌지 않는 한
인간의 성격은 그 사람의 운명이 됩니다.

인간의 몸에 배속된 천사들이 바뀌지 않는 한
인간의 운명은 바뀌지 않습니다.

인간의 몸에 배속된 천사들은
인간의 몸에서 하늘의 행정명령 프로그램을 집행하고 있는
하늘의 일을 수행하는 공무원이기 때문입니다.

인간의 몸에 배속된 천사들은
인간의 몸에서 당신의 영혼이
하늘에서 약속한 삶의 프로그램 내용대로
땅에서 살아갈 수 있도록 하기 위해
하늘에서 파견된 전문 관리인입니다.

인간의 몸에 배속된 천사들의 임무와 역할 변경은
창조주의 한 줄기 빛에 의해서만 변경될 수 있습니다.
그 이유는 천사들의 대장은 창조주이기 때문입니다.

이것이 내 마음을 내 마음대로 하지 못했던 진짜 이유입니다.
이것이 내 인생이 내 뜻대로 되지 않았던 진짜 이유입니다.

이것이 기도와 수행으로 당신이 깨달음을 얻지 못했던
진짜 이유입니다.

이것이 기도와 수행으로 당신의 운명이 바뀌지 않았던
진짜 이유입니다.

하늘은 인간의 몸에 배속된
하늘의 보이지 않는 손인 천사들을 통해
인간의 생로병사의 주기에 직접 관여하고 있음을 전합니다.

하늘은 인간의 몸에 배속된
하늘의 공무원들인 천사들을 통해
인간의 운명과 인간의 성격과 인간의 마음의 작용에
직접 관여하고 있음을 전합니다.

메타 봉인의 비밀

메타 봉인이란 메타 의식구현 시스템에 있는 봉인을 말합니다.
메타 봉인이란 인간의 의식선을 하늘이 통제하는 것을 말합니다.
메타 봉인이란 인간의 감정선을 하늘이 통제하는 것을 말합니다.

메타 봉인이란 하늘이 인간의 자유의지를 제한하는 봉인입니다.
메타 봉인이란 하늘이 인간의 행동을 통제할 때 사용합니다.
메타 봉인이란 하늘이 프로그램을 진행할 때 사용합니다.

메타 봉인은 그 사람에게 반드시 일어날 일을 일어나게 하는
하늘이 일하는 방식 중 하나입니다.
메타 봉인은 그 사람에게 일어날 일이 한 치의 오차없이 일어나게 하는
하늘이 즐겨쓰는 방식 중 하나입니다.

메타 봉인은 정상적으로는 잘 일어나지 않는 일들을
자연스럽게 일어나도록
하늘이 인간의 감정과 의식을 조절하는 것을 말합니다.

메타 봉인은 인간의 신념을 더욱더 강화시키는
하늘의 강력한 수단입니다.
메타 봉인은 인간의 의식을 하늘이 원하는 의식으로
의식을 대체하는 것을 말합니다.

메타 봉인과 큐피드 화살이 함께 작용을 하게 되면
원수를 애인으로 인식하게 됩니다.

메타 봉인이 있기에 하늘은 윤회 프로그램을 집행할 수 있습니다.
메타 봉인이 있기에 인간은 카르마를 해소할 수 있습니다.
메타 봉인이 있기에 하늘은 영혼들의 진화를
안정적으로 진행할 수 있습니다.

메타 봉인이 있기에 때가 되기 전까지
하늘 사람들은 잘 보존될 수 있습니다.
메타 봉인이 있기에 빛의 일꾼들은 세상길로 가지 않고
하늘의 좁은 문을 열 수 있습니다.
메타 봉인이 있기에 인간은 모순을 통해 진화할 수 있습니다.

메타 봉인이 되면 상황에 대한 메타인지가 잘 되지 않습니다.
메타 봉인이 되면 상황에 대한 정확한 인지가 되지 않습니다.
메타 봉인이 되면 상황에 맞지 않는 선택을 하게 됩니다.

메타 봉인이 되면 평소와 다르게 보는 시야가 매우 좁아집니다.
메타 봉인이 되면 평소와 다르게 가치판단이 흐려집니다.
메타 봉인이 되면 평소와 다르게 안하던 행동을 하게 됩니다.

메타 봉인이 되면 안 되는 줄 알면서도 계속 고집을 피우게 됩니다.
메타 봉인이 되면 잘못된 줄 알면서도 잘못을 멈출 수 없게 됩니다.
메타 봉인이 되면 바늘 하나 꽂을 틈도 없이 사람이 옹졸해집니다.

메타 봉인이 되면 자신이 그때 무슨 말을 했는지 알지 못합니다.
메타 봉인이 되면 자신이 그때 왜 그런 말을 했는지 알지 못합니다.
메타 봉인이 되면 자신이 그때 왜 그런 행동을 했는지 알지 못합니다.

메타 봉인이 되면 자유의지가 멈추고
하늘이 프로그램한 생각과 의식만이 발현이 됩니다.
메타 봉인이 되면 생각과 감정들이
하늘이 프로그램한 생각과 감정들로 자연스럽게 발현이 됩니다.

메타 봉인은 5단계로 구성되어 있습니다.
메타 봉인 1단계는 선택의 순간에서
하늘이 원하는 방향으로 선택이 이루어지도록
감정과 의식을 30% 정도 통제하는 것을 말합니다.
메타 봉인 1단계는 모든 인간에게 적용되는 원칙입니다.
각 단계마다 9층위로 세분화하여 운영되고 있습니다.

메타 봉인 2단계는 감정과 의식이 50% 정도 통제됩니다.
자신이 한 행동을 인지는 하나 피드백이 잘 되지 않습니다.
자신이 한 말에 대해 인지 부조화가 조금씩 나타나는 시기입니다.

메타 봉인 3단계는 감정과 의식이 70% 정도 통제됩니다.
자신이 한 행동을 자신이 인지하지 못하며
상황과 전혀 다르게 인지하게 됩니다.
자신이 한 말과 행동에 대해
인지 부조화가 심각하게 나타나는 시기입니다.

메타 봉인 4단계는 감정과 의식이 90% 정도 통제됩니다.
자신이 한 행동을 대부분 기억하지 못하며
심각한 환청이나 환각을 보게 됩니다.

메타 봉인 5단계는 감정과 의식이 모두 분열됩니다.
매우 심각한 감정장애나 조울증이 나타나게 됩니다.
이성보다는 외부의 강한 에너지가 작용하게 됩니다.

하늘은 메타 봉인을 통하여
일어날 일은 반드시 일어나게 하고 있습니다.
하늘은 메타 봉인을 통하여
일어나지 않을 일은 반드시 일어나지 않게 하고 있습니다.

하늘은 메타 봉인을 통하여
마지막 때 살 사람은 반드시 있어야 할 곳에 있게 할 것입니다.
하늘은 메타 봉인을 통하여
마지막 때 모든 사람은 반드시 있어야 할 곳에 있게 할 것입니다.
하늘은 메타 봉인을 통하여 산 자와 죽은 자를 구분할 것입니다.

하늘은 메타 봉인을 통하여
하늘 스스로 정한 그 길을 가슴을 닫고 갈 것입니다.

기록의 필요성이 있어 정리의 필요성이 있어
우데카 팀장이 이 글을 남깁니다.

선녀와 나무꾼의 비밀

지구 행성에 살고 있는 세 사람 중에 한 사람의 우주적 신분은
하늘에서 땅으로 내려온 선녀입니다.
지구 행성에 살고 있는 세 사람 중에 두 사람의 우주적 신분은
땅의 사람들인 나무꾼입니다.

하늘에서 땅에 내려온 영혼 그룹들을 하늘 사람이라고 하며
우리 조상들은 선녀라고 알고 있었습니다.
하늘에서 옥황상제님에게 죄를 지어
땅으로 쫓겨난 선녀들이 실제로 있습니다.
하늘에서 죄를 짓거나 자신의 모순을 해결하기 위해
땅으로 쫓겨난 선녀들이 사람늘 중에 무려 1/3이나 됩니다.

지구 행성은 하늘에서 쫓겨난 천사들이
선녀라는 이름으로 알려져 왔습니다.
선녀는 땅으로 내려온 하늘 사람을 의미합니다.
선녀는 하늘에서 창조주를 보좌하던 천사를 말합니다.
선녀는 하늘에서 창조주를 대신하여 대우주를 경영하던
하늘의 천사를 말합니다.

선녀는 하강하는 영혼들을 상징합니다.
선녀는 하늘 일을 하기 위해 땅으로 내려온 천사들을 상징합니다.

선녀는 하늘에서 죄를 짓고 땅으로 쫓겨난 천사를 상징합니다.
선녀는 하늘에서 지은 카르마를 땅에서 해소하기 위해
하늘에서 쫓겨난 천사들을 상징합니다.
선녀는 천사들이 가지고 있는 자신의 모순을 해결하기 위해
인간의 육신의 옷을 입고 태어난 천사들을 말합니다.

하늘에서 죄를 짓고 추방된 선녀들이
가장 많이 모여 있는 곳이 지구 행성입니다.
하늘에서 죄를 지은 천사들이 가장 선호하는 감옥행성이
지구 행성이기 때문입니다.
지구 행성은 다른 행성에 비해
3배나 빨리 카르마를 해소할 수 있기 때문입니다.

하늘에서 쫓겨난 선녀들은
땅에서 나무꾼을 만나서 살다가
때가 되면
자신의 카르마가 모두 해소되면
하늘로 올라가야 하는 운명을 가지고 있습니다.

하늘에서 쫓겨난 선녀들은
땅에서 자신의 우주적 신분을 모르고
땅의 사람인 나무꾼을 만나 살다가
그때가 되면 날개를 달고
하늘로 올라가 천사로 살게 됩니다.

지구 행성에는 옥황상제에게 죄를 짓고 쫓겨난 선녀들이
참 많습니다.
지구 행성에는 창조주를 대신하여 행성을 운영하다
자신의 행성을 멸망시켜 쫓겨난 선녀들이 참 많습니다.
지구 행성에는 창조주를 대신하여 대우주를 운영하다가
죄를 짓고 지구 행성으로 쫓겨난 선녀들이 참 많습니다.

지구 행성에는 우주에서 은하 전쟁을 하다가
땅으로 쫓겨난 영혼들이
자신의 우주적 신분도 모르는 채 선녀로 살고 있습니다.
지구 행성에는 우주에서 우주 해적을 하다가
땅으로 쫓겨난 영혼들이
자신의 우주적 신분도 모르는 채
인간의 육신을 입은 선녀로 살고 있습니다.

나무꾼은 땅의 사람들을 말합니다.
나무꾼은 상승하는 영혼들을 말합니다.
나무꾼은 진화하는 영혼들을 말합니다.
지구 행성에 살고 있는 세 사람 중에 두 사람은 나무꾼입니다.

하늘의 때가 되어
선녀들의 잃어버린 날개를 찾을 시간이 되었습니다.
하늘의 시절인연이 되어
선녀들이 감추어 두었던 날개옷을 꺼내어 입고
하늘로 돌아갈 때가 되었습니다.

땅의 시절인연이 되어
나무꾼들이 선녀들과 헤어질 때가 되었습니다.
땅의 시절인연이 되어
선녀를 잃은 나무꾼들의 슬픔이 시작되었습니다.

학처럼 선녀처럼 살다가 떠나는 선녀들이 많을 것입니다.
학처럼 선녀처럼 살다가 먼저 하늘로 올라가는 천사들이
먼저 육신의 옷을 벗고
선녀의 날개옷을 입고
먼저 지구 행성을 떠나게 될 것입니다.

선녀들을 잃은 나무꾼들의 슬픔이 시작되었습니다.
선녀들과 이별한 나무꾼들의 고통이 시작되었습니다.
선녀들을 하늘로 보낸 땅의 슬픔이 시작되었습니다.

하늘과 땅의 시절인연이 되어
날개 잃은 선녀들이 날개옷을 입고 떠날 시간이 되었습니다.

선녀들의 귀향을 축하드립니다.
선녀를 잃은 나무꾼들에게 위로의 말을 전합니다.
그동안 모두들 수고 많으셨습니다.

인류가 모르는 천사들의 비밀 ①

천사들은 비물질 에너지체입니다.
천사들은 창조주에 의해 창조됩니다.
천사들은 창조주에 의해 창조될 때부터
우주적 신분이 결정됩니다.

천사들은 창조주께서 부여하는 사고조절자의 특성에 의해
천사들의 개성과 함께 고유성이 결정됩니다.

천사들의 의식은 인류보다 높습니다.
천사들은 천사들의 전체의식 속에서 업무를 수행하고 있습니다.
천사들은 창조주를 보좌하여 대우주를 운영하고 있습니다.

천사들 중에는 식물이나 동물의 몸에 들어가 활동하는
천사들이 있습니다.
천사들 중에는 인간의 몸에 들어가 업무를 수행하는
천사들이 있습니다.

인간의 몸에는 참 많은 천사들이 파견되어 있습니다.
인간의 몸에 들어와 있는 천사들은 인간의 오장 육부가 있는
차원간 공간에 존재하고 있습니다.

인간의 몸에는 5차원과 7차원과 9차원과 11차원의 물질계의
천사들이 파견되어 있습니다.

인간의 몸에 비물질 세계의 천사들이 들어오는 일은 거의 없으나
특수한 프로그램을 수행하기 위해 들어와 활동하기도 합니다.

인간의 몸에는 보통 9분에서 15분 정도의 천사들이
활동하고 있습니다.

인간의 몸에 파견되어 부정적인 의식을 일으키는
물질계의 천사들을 인류는 귀신이라고 알고 있습니다.

인간의 몸에 들어와 있는 천사들은 인간의 의식에 관여합니다.
인간의 몸에 들어와 있는 천사들은 인간의 감정에 관여합니다.
인간의 몸에 들어와 있는 천사들은 인간의 질병에 관여합니다.
인간의 몸에 들어와 있는 천사들은 질병의 치유에 관여합니다.
인간의 몸에 들어와 있는 천사들은
일어날 일은 반드시 일어나게 하고
일어나지 않을 일은 일어나지 않도록 하는 역할을 합니다.

인간이 내면에서 들려오는 소리는
인간의 몸에 파견된 천사들이 들려주는 소리입니다.

인간이 신의 소리라고 듣고 있는 소리는
인간의 몸에 파견된 천사들이 들려주는 소리입니다.

인간이 하늘의 소리라고 듣고 있는 소리 역시
인간의 몸에 파견된 천사들이 들려주는 소리입니다.

우주적 신분이 높은 사람일수록 많은 천사들이 파견됩니다.
인생의 중요한 프로그램이 진행될 때 많은 천사들이 파견됩니다.

지구 행성에 살고 있는 인구보다 천사들의 숫자가 더 많습니다.
지구 행성에 파견되어 있는 천사들의 숫자는 약 45조 정도 됩니다.

천사들은 대우주의 시간과 공간을 관리합니다.
천사들은 윤회 시스템과 카르마 시스템을 관리합니다.
천사들은 행성과 항성들을 관리합니다.

천사들은 1차원에서 19차원의 각각의 차원을 관리합니다.
1차원에서 19차원을 관리하는 천사들을 차원 관리자라고 합니다.
행성을 관리하는 천사들을 행성 영단 관리자라고 합니다.
항성을 관리하는 천사들을 항성 영단 관리자라고 합니다.

16차원에서 19차원의 무극의 세계를 관리하는 천사들이 있습니다.
13차원에서 15차원의 태극의 세계를 관리하는 천사들이 있습니다.
1차원에서 12차원의 삼태극 물질세계를 관리하는 천사들이 있습니다.

천사들이 모여서 일하고 있는 곳은 대형 우주함선입니다.
창조주의 대우주 통치를 뒷받침하는 천사들이 모여 있는 곳을
우주 연방함선이라고 합니다.

우주 연방함선의 함장은 창조주입니다.
천사들은 창조주를 대신하여 대우주를 관리하고 있습니다.
천사들의 대장은 창조주입니다.

천사들은 인간보다 높은 의식을 가지고 있습니다.
천사들은 인간보다 높은 지능을 가지고 있습니다.
천사들은 인간보다 높은 메타인지 능력을 가지고 있습니다.

천사들은 남녀의 구분이 없습니다.
천사들은 다양한 개성을 가지고 있습니다.
천사들은 하늘의 전체의식 속에서 일하고 있습니다.

천사들이 천사들의 전체의식에서 벗어나게 되면
땅으로 쫓겨나 날개를 잃어버린 선녀가 됩니다.

천사들이 천사들의 전체의식에서 벗어나 카르마를 짓게 되면
땅으로 쫓겨나 카르마를 해소하게 됩니다.

천사들이 천사들의 전체의식에서 벗어나 의식에 문제가 발생하면
땅으로 쫓겨나 의식의 교정작업에 들어가게 됩니다.

천사들의 개성은 창조주로부터 받는 사고조절자에서 기원합니다.
똑같은 영혼이 존재하지 않듯이
똑같은 천사 역시 존재하지 않습니다.
천사들의 업무는 매우 전문화되어 있으며 특화되어 있습니다.

하늘에서 천사들이 하는 물질 체험을 영의 여행이라고 합니다.
땅에서 천사들이 하는 물질 체험을 영혼의 여행이라고 합니다.

천사들 중 육화를 전문으로 하는 천사그룹이 있습니다.
천사들 중 육화를 전문으로 하는 천사들을
하강하는 영혼이라 합니다.

천사들 중 하늘의 업무와 육화를 동시에 하는 그룹이 있습니다.
천사들 중 대부분은 육화를 하지 않습니다.

천사들의 조직은 천황팀과 지황팀과 라파엘팀으로 구성되어 있습니다.
천황팀 소속 천사들은 하늘의 행정업무를 맡고 있습니다.
천황팀 소속 천사들은 카르마와 윤회 시스템을 관리합니다.
천황팀 소속 천사들은 영혼의 진화를 관리하고 있습니다.
천황팀 소속 천사들은 행성의 문화와 문명을 관리하고 있습니다.

지황팀 소속 천사들은 행성의 생명유지 시스템을 관리합니다.
지황팀 소속 천사들은 태양의 생명유지 시스템을 관리합니다.
지황팀 소속 천사들은 우주의 스타게이트들을 관리하고 있습니다.
지황팀 소속 천사들은 우주 공학 기술을 관리하고 있습니다.

라파엘팀 소속 천사들은 다양한 생명체들을 창조합니다.
라파엘팀 소속 천사들은 창조된 생명체들의 진화를 관리합니다.
라파엘팀 소속 천사들은 생명체의 생로병사를 관리합니다.
라파엘팀 소속 천사들은 생명체들의 의식과 감정을 관리합니다.

지구 행성은 하늘에서 죄를 짓고 쫓겨난 천사들의
의식 교정을 위해 설계된 감옥행성입니다.
지구 행성은 하늘에서 원죄를 지은 천사들의
의식을 교정하기 위한 프로그램이 실행중인 감옥행성입니다.

지구 행성에 살고 있는 세 사람 중 한 사람은 천사입니다.
지구 행성에 살고 있는 세 사람 중 한 사람의 우주적 신분은
천사입니다.

기록의 필요성이 있어
정리의 필요성이 있어
우데카 팀장이 이 글을 기록으로 남깁니다.

인류가 모르는 천사들의 비밀 ②

대우주에 있는 천사들 중
15%만이 인간으로 태어날 수 있습니다.
천사들이 땅으로 내려와 인간으로 태어나기는
하늘의 별따기만큼 어려운 일입니다.

천사들은 인간으로 태어나 살기 위해 창조된 영이 아닙니다.
천사들은 하늘에서 하늘의 일을 하기 위해 창조된 영입니다.
천사들은 대우주를 운영하고 관리하는 하늘 사람들입니다.

천사들은 창조주를 보좌하고 명령을 집행하는 하늘 사람들입니다.
천사들은 자신이 속한 우주함선에서 일을 하게 됩니다.

땅으로 내려와 인간의 육신의 옷을 입은 천사들을
하강하는 영혼들이라고 합니다.

하늘에서 죄를 지은 천사들은 환속이라는 절차를 통해
원죄를 씻기 위해 땅으로 내려오게 됩니다.

무극과 태극의 세계에 있는 천사들은 영으로 존재하며
영의 여행을 통해 비물질세계에서 천사로서 활동을 하고 있습니다.

삼태극의 세계에 있는 천사들은 영혼으로 존재하며
영혼의 여행을 통해 물질계의 천사로서 활동을 하고 있습니다.
1차원에서 12차원까지의 천사들을 물질계 천사라고 합니다.

물질계에 있는 천사들 중 1차원에서 5차원 천사들까지를
하품(下品)천사라고 합니다.
물질계에 있는 하품천사들의 비율은 30%입니다.

물질계에 있는 천사들 중 6차원에서 9차원 천사들까지를
중품(中品)천사라고 합니다.
물질계에 있는 중품천사들의 비율은 45%입니다.

물질계에 있는 천사들 중 10차원에서 12차원 천사들까지를
상품(上品)천사라고 합니다.
물질계에 있는 상품천사들의 비율은 25%입니다.

천사들 중에 가장 높은 진동수를 가진 천사들이 있는데
이들을 유토피언(Utopian)이라고 합니다.

유토피언 천사 그룹들은 19차원의 진동수를 가지고 있으며
창조주를 보좌하여 대우주를 운영하는 역할이 있습니다.

천사들에 대한 하늘의 명령체계는 매우 엄격합니다.
천사들은 자신들을 생명을 가진 존재라고 인지를 하고 있습니다.
천사들은 인간보다 더 높은 의식과 감정을 구현하고 있습니다.

천사들은 창조주를 보좌하기 위하여 창조됩니다.
천사들은 창조주를 도와 대우주를 경영하는 전문가 그룹입니다.
천사들은 창조주를 대신하여 대우주를 경영하기 위해 창조된
전문가 그룹입니다.

천사들에게도 창조주께서 주신 양심이라는 것이 있습니다.
천사들에게도 창조주께서 주신 사랑과 자비의 의식이 있습니다.
천사들에게도 창조주께서 주신 연민과 순수함의 의식이 있습니다.

천사들은 잠도 자지 않고 일을 합니다.
천사들은 밥도 먹지 않고 일을 합니다.
천사들은 휴가도 가지 않고 일을 합니다.

천사들도 하늘에서 인간들처럼 실수를 합니다.
천사들도 하늘에서 인간들처럼 잘못을 저지릅니다.
천사들도 하늘에서 인간들처럼 모순을 가지고 있습니다.

천사들 중에는 하늘의 전체의식에서 분리되는 천사들이 있습니다.
천사들 중에는 인간처럼 자만과 교만이 발생하기도 합니다.
천사들 중에는 인간들처럼 의식이 분열되기도 합니다.

천사들 중에는 죄를 짓는 천사들도 있습니다.
천사들이 짓는 죄 중에 가장 큰 죄는
창조주를 부정하는 것입니다.

천사들이 실수가 반복이 되면 영의 교정이 이루어집니다.
천사들이 자만과 교만이 반복이 되면 영의 교정이 이루어집니다.
천사들이 정상적인 의식을 구현하지 못하고 의식이 분열되면
일정기간 동안 영의 교정이 이루어집니다.

천사들이 하늘에서 일정기간 동안 의식의 교정 후에도
같은 실수를 반복하면 영의 소멸이 이루어집니다.

천사들이 하늘에서 일정기간 동안 의식의 교정 후에도
의식의 축이 무너져 양심을 회복하지 못하면
영의 소멸이 집행됩니다.

천사들이 하늘에서 일정기간 동안 의식의 교정 후에도
창조주의 명령을 듣지 않고 전체의식에서 벗어나면
소멸이 집행됩니다.

창조주의 명령을 따르지 않은 천사들은 소멸이 이루어집니다.
창조주를 부정한 천사들은 소멸이 이루어집니다.
창조주를 부정한 천사들은
우주 어디에서도 존재할 수 없습니다.

하늘에서 큰 죄를 짓고
우주 법정에서 재판을 받은 천사들은
그 형량대로 형 집행이 이루어집니다.

하늘에서 죄를 짓고 땅으로 쫓겨나는 것을
환속(還俗)이라고 합니다.

천사들 중에는 우주 법정에서 영의 소멸판정을 받은 천사들이
환속하여 인간 세계에 살고 있는 경우가 있습니다.
천사들 중에 우주 법정에서 징역형이나 유배형을 받고
감옥행성으로 환속하여 인간으로 태어나 살고 있는 경우가 있습니다.

천사들 중에 정신문명을 땅에 펼치기 위하여 땅으로 내려온
하늘 사람들인 신녀 그룹이 있습니다.

천사들 중에 물질문명을 땅에 펼치기 위하여 땅으로 내려온
하늘 사람들인 신관 그룹이 있습니다.

천사들 중에 물질문명의 매트릭스를 유지하고 관리하기 위해
땅으로 내려온 하늘 사람들인 어둠의 일꾼 그룹이 있습니다.

천사들 중에 땅으로 내려오신 창조주와 함께
지구 행성의 차원상승에 참여하기 위해
땅으로 내려온 144,000명을 빛의 일꾼이라고 합니다.

천사들 중에 땅으로 내려오신 창조주를 보좌하여
물질세계의 자미원을 열기 위해
땅으로 내려온 일만 이천명의 도통군자들이 있는데
이들을 유토피언이라고 합니다.

생명체의 몸을 입고 영혼의 물질 체험을 하는 영혼들은 대부분
상승하는 영혼들인 일반 영혼들입니다.
인간의 몸을 입고 태어나는 영혼들은 대부분 천사가 아닌
상승하는 영혼들인 일반 영혼들입니다.

기록의 필요성이 있어
정리의 필요성이 있어
우데카 팀장이 이 글을 남깁니다.

시절인연으로 만나는 하늘

모든 사람이 진리를 알 필요는 없습니다.
진리는 알 사람만 알면 됩니다.

모든 사람이 진리를 알아볼 필요는 없습니다.
진리를 보았을 때 진리에 공명하는 사람만
진리를 알아보면 되는 것입니다.

모든 사람이 진리에 공명할 필요는 없습니다.
진리를 만났을 때 진리의 씨앗이 있는 사람은
진리에 공명할 수 있기 때문입니다.

모든 사람이 진리를 알기란 불가능합니다.
하늘이 인간의 마음속에 심어 놓은
진리의 씨앗이 있는 사람만이
진리를 알아볼 수 있기 때문입니다.

모든 사람이 하늘의 뜻을 알 필요는 없습니다.
시절인연이 있는 사람만 알면 됩니다.

모든 사람이 하늘의 계획을 알 필요는 없습니다.
알아챔과 눈치챔이 있는 사람만 알면 됩니다.

땅으로 내려온 창조주께서
왜 땅에 내려오셨는지 모든 사람이 알 필요는 없습니다.
그때가 되면 모두가 알게 될 것입니다.

땅으로 내려온 하늘이
무슨 일을 하고 있는지 모든 사람이 알 필요는 없습니다.
알 사람만 알고 있으면 되는 것입니다.

모든 사람이 하늘이 하고 있는 일을 알 필요는 없습니다.
정보의 가치를 아는 사람만 알면 되는 것입니다.

모든 사람이 하늘의 뜻을 알 필요가 없습니다.
진리의 가치를 아는 사람만 알면 되는 것입니다.

모든 사람이 하늘의 소리를 들을 필요는 없습니다.
시절인연이 있는 사람만이 들으면 되는 것입니다.

모든 사람이 하늘을 두려워할 필요는 없습니다.
하늘을 두려워할 사람만 두려워하면 되는 것입니다.

모든 사람이 하늘을 찬양할 필요는 없습니다.
하늘을 찬양할 사람만 찬양하면 되는 것입니다.

모든 사람이 자신의 생사를 미리 알 필요는 없습니다.
생사의 갈림길에 서 있을 때 그것은 그냥 알게 될 것입니다.

모든 사람이 자신의 운명을 미리 알 필요는 없습니다.
마지막 순간까지 아무것도 모르는 채 살게 하는 것이
하늘이 일하는 방식입니다.

하늘의 인연법 앞에서는
부모와 자식의 갈 길이 서로 다릅니다.
하늘의 시절인연은
같은 형제와 자매일지라도 서로 가는 길이 다릅니다.

하늘의 인연법 앞에서는
아무것도 잘못되는 일은 없습니다.
하늘의 시절인연 앞에서는
예정된 일이 예정대로 일어나고 있을 뿐입니다.

모든 사람이 하늘의 일을 할 필요는 없습니다.
시절인연이 있는 하늘 사람들이 하늘 일을 하면 되는 것입니다.

모든 사람이 빛의 일꾼이 될 필요는 없습니다.
예정된 사람이 예정된 일을 하고 가면 되는 것입니다.

모든 사람이 빛의 생명나무에 올 필요는 없습니다.
예정된 사람이 예정된 대로 오시면 됩니다.

시절인연이 있는 인자들의 건승을 빕니다.

하늘을 머리에 이고만 사는 사람들

하늘을 머리에 이고 사는 사람은
하늘의 특별한 사랑을 받고 싶어합니다.

하늘을 머리에 이고 살 수밖에 없는 사람은
하늘의 특별한 사랑을 받고 있다고 생각합니다.

하늘을 머리에 이고 살 수밖에 없는 인간은
하늘을 잊어버리고 살 수 있을 뿐
하늘을 벗어나 살 수는 없습니다.

하늘을 머리에 이고 살 수밖에 없는 인간은
하늘을 잃어버리고 살 수는 있지만
하늘이 설치한 천라지망을 벗어나 살 수는 없습니다.

하늘을 머리에 이고 살 수밖에 없는 인간은
하늘을 부정하며 살 수는 있지만
하늘 없이는 한순간도 존재할 수 없는 유한한 존재입니다.

영혼이 창조주에 의해 조물될 때
영혼의 개체성이 부여되는 순간
모든 영혼은 자신이 특별하다는 의식이 형성됩니다.

인간의 자유의지가 있는 한
인간은 자신이 남들과는 다른 특별한 사람이 되기를 원합니다.

하늘을 머리에 이고 사는 사람들은
끊임없이 자신을 뽐내고 싶어합니다.
하늘을 머리에 이고만 사는 사람들은
끊임없이 자신이 특별하다고 생각합니다.
하늘을 머리에 이고 사는 사람들은
끊임없이 자신이 하늘의 특별한 사랑을 받기를 원합니다.

하늘을 머리에 이고만 사는 사람들은
끊임없이 자신이 믿는 신이 최고라고 생각합니다.

하늘을 머리에 이고 사는 사람들은
끊임없이 자신이 하늘로부터 선택받았다고 생각합니다.

하늘을 머리에 이고만 사는 사람들은
끊임없이 하늘을 향해 기도와 수행을 하려고 합니다.

하늘을 머리에 이고 살 수밖에 없는 인간은
보이지 않는 하늘을 찾아 길을 떠날 수밖에 없는
슬픈 운명을 가지고 살고 있습니다.

하늘을 머리에 이고 살 수밖에 없는 인간은
보이지 않는 하늘의 진리를 찾기 위해

눈에 보이는 스승을 찾기 위해 길을 떠날 수밖에 없는
슬픈 운명을 가지고 살고 있습니다.

하늘을 머리에 이고 살 수밖에 없는 사람들은
눈에 보이지 않는 하늘보다
눈에 보이는 물질의 풍요로움을 찾을 수밖에 없는
슬픈 운명을 가지고 살고 있습니다.

하늘을 머리에 이고 살아갈 수밖에 없는 사람들은
눈에 보이지도 않는 멀리 있는 하늘보다는
종교에서 말하는 하늘을 진짜 하늘로 알고
살아갈 수밖에 없는 슬픈 운명을 가지고 살고 있습니다.

길을 걷다 보면
눈에는 보이지 않는 길을 찾는 사람들을 만나게 됩니다.
길을 가다 보면
눈에 보이지 않는 길을 찾다가 길을 잃은 사람들을 만나게 됩니다.

길을 걷다 보면 가끔은
자신이 하늘을 머리에 이고 살고 있음을 모르고 있지만
하늘의 마음을 품고 있는 사람들을 만나기도 합니다.

길을 가다 보면 가끔은
자신이 하늘을 머리에 이고 살고 있음을 알고 있지만
하늘을 마음속에 품지 못하고 살고 있는 사람을 만나기도 합니다.

길을 가다 보면 아주 가끔은
자신이 하늘을 이고 살고 있는 줄도 모르고 있는 사람들끼리
한곳에 모여
내가 믿고 있는 신이 더 기도를 잘 들어준다고
내가 믿고 있는 신이 우주에서 더 높고 귀하다고
소리 높여 외치는 사람들을 만나기도 합니다.

하늘을 머리에 이고 살 수밖에 없는 인류에게
하늘은 어느새 짊어지고 가야 하는 등짐이 되어 버렸습니다.

하늘을 머리에 이고 살 수밖에 없는 사람들에게
하늘은 숭배의 대상이자
가슴을 짓누르고 있는 무거운 돌이 되어 버렸습니다.

하늘을 머리에 이고 산다는 것은 참 불편한 것입니다.
하늘은 마음에 품고 살아야 편한 법입니다.

하늘을 머리에 이고만 산다는 것은 참 힘든 일입니다.
하늘의 마음을 쓰고 살아야 잘 사는 것입니다.

하늘을 머리에 이고만 산다는 것은
하늘의 형벌을 받고 있는 것입니다.

선천의 시대는
하늘을 머리에 이고 살 수밖에 없는 인간이

하늘이라는 무거운 등짐을 지고 하늘의 마음을 얻기 위해
기도와 수행을 하며 살아야 하는 시대였습니다.

후천의 시대는
머리에 있는 지식이 가슴으로 내려오듯
머리에 이고만 살던 하늘이 가슴으로 내려오는 시대입니다.

후천의 시대는
하늘을 가슴에 품고 하늘의 마음을 가지고
하늘이라는 무거운 등짐을 벗어 던지고
하늘과 함께 동행하는 시대입니다.

선천의 시대를 종결하고
후천의 시대를 열기 위해
대우주를 주재하시는 창조주께서 땅으로 내려오셨습니다.

이제 하늘이라는 무거운 등짐을 내려 놓으시기 바랍니다.
이제는 당신의 가슴을 짓누르고 있는 하늘을
내려 놓으시기 바랍니다.

당신과 함께 동행하기 위해
당신과 함께 땅위를 걷기 위해
땅으로 내려온 하늘을 만나시길 기원합니다.

당신의 건승을 빕니다.

하늘이 당신의 기도를 들어주지 못하는 이유

당신이 기도를 시작하게 되면
당신의 몸안에 있는 천사들이 제일 먼저 그 기도를 듣습니다.
당신이 기도를 시작하게 되면
백회를 통해 연결된 7개의 양백줄을 통해 연결된
당신의 상위자아가 그 기도를 듣습니다.
당신이 기도를 시작하게 되면
백회를 통해 연결된 7개의 양백줄을 통해 연결된
9차원의 천상정부가 그 기도를 듣습니다.

당신의 기도는 당신의 몸안에 있는 천사들을 통해
9차원의 천상정부 네트워크에 보고가 됩니다.
당신의 기도는 7개의 양백줄을 통해 연결된
당신의 상위자아를 통해 당신의 본영에게 전달이 됩니다.
당신의 기도는 천사들을 통해 보고받은 내용과 함께
9차원의 천상정부가 운영하는 네트워크에서 분석이 이루어집니다.

9차원의 천상정부는
당신의 기도의 내용과 당신의 삶의 프로그램과 비교하여
들어줄 수 있는 기도와 들어줄 수 없는 기도로 분류합니다.
목수로 살기로 예정되어 있는 당신이 의사가 되게 해달라는 기도는
하늘에 의해 접수조차 되지 않습니다.

당신의 기도를 듣고 있는 당신의 상위자아는
당신의 본영에게 당신의 기도 내용을 공유하게 됩니다.
당신의 기도는 당신의 상위자아와 본영에 의해
들어줄 수 있는 기도와 들어줄 수 없는 기도로 분류됩니다.

당신의 기도가 들어줄 수 없는 기도가 되는 경우는
당신의 삶의 프로그램의 내용에 맞지 않을 때입니다.
당신이 몸을 건강하게 해달라는 당신의 기도는
당신이 암에 걸리는 삶의 프로그램이 준비되어 있다면
들어줄 수 없는 기도가 됩니다.

당신의 기도가 들어줄 수 있는 기도로
상위자아와 본영이 판단을 하면
본영의 직권으로 들어줄 수 있는 기도는
즉시 기도빨이 나타나게 됩니다.

당신의 기도가 들어줄 수 있는 기도로
상위자아와 본영에 의해 판단이 되면
본영이 들어줄 수 없는 경우는
본영이 9차원과 11차원의 천상정부에 승인을 요청하게 됩니다.

본영에 의해 민원이 접수된 당신의 기도는
9차원과 11차원에서 엄격한 심사를 거치게 됩니다.
심사 기준은 당신의 삶의 프로그램의 내용을
넘어서지 않는 범위 내에서 엄격한 심사가 이루어집니다.

당신의 기도가 당신이 하늘에서 계획한 당신의 삶의 방향성과
당신의 이번 생애의 목적에 맞을 때는
당신의 기도는 하늘에 의해 승인이 되며
당신의 기도의 내용은 하늘에 의해 집행이 됩니다.

본영에 의해 민원이 접수된 인간의 기도가
천상정부에서 승인이 되는 경우는 평균 10%가 되지 않습니다.
본영이 자신의 아바타의 기도를 들어줄 수 있는 허용범위 역시
매우 좁은 범위 내에서만 가능합니다.

본영이 자신의 아바타의 삶에 깊게 개입하는 것 자체가
하늘의 법에 의해 엄격하게 제한되어 있기 때문입니다.

당신이 가족의 건강을 위해 기도를 하고
당신이 가족의 행복을 위해 기도를 하고
당신이 가족의 성공을 위해 기도를 하게 되면
가족의 상위자아와 본영의 동의를 구하는
하늘의 행정적 절차가 당신의 기도가 끝나는 동시에 이루어집니다.

당신이 가족을 위해 한 기도들은
가족의 상위자아와 본영을 잠시 기쁘게는 해주지만
대부분 크게 영향을 미치지 못합니다.

당신이 국가를 위해 기도를 하고
당신이 민족을 위해 기도를 한다면

당신의 기도는 그 국가와 민족을 담당하는
하늘의 프로그램 속으로 민원이 접수되어
하늘의 행정적 절차를 따르게 됩니다.

당신의 우주적 신분이 높지 않는 한
당신의 기도는 한 국가와 한 민족의 운명에
크게 영향을 미치지 못하게 됩니다.
당신의 우주적 신분이 높다고 할지라도
당신의 기도는 한 국가와 한 민족의 운명이 프로그램된
하늘 스스로 정한 그 길에 크게 영향을 미치지 못하게 됩니다.

당신이 당신의 원수가 죽기를 바라는 기도를 하고
당신이 당신의 경쟁자가 잘못되기를 바라는 기도를 한다면
당신의 기도는 당신이 하늘에 제기한 민원이 되어
하늘의 행정적 절차를 따르게 됩니다.

당신이 그토록 바라던 원수의 죽음과
경쟁자가 잘못되기를 바라는 민원은
당신의 원수의 상위자아나 본영의 동의가 이루어져야 합니다.
당신이 그토록 바라던 원수의 죽음과
경쟁자가 잘못되기를 바라는 기도는
당신의 원수나 경쟁자의 동의가 이루어졌다면
9차원과 11차원의 천상정부의 승인이 있어야 됩니다.
당신이 그토록 바라는 원수의 죽음과
경쟁자가 잘못되기를 바라는 당신의 기도가

하늘의 행정적 절차를 통과할 확률은
낙타가 바늘귀를 통과할 만큼 어렵습니다.
당신의 기도빨이 좋다면 당신의 기도가
하늘 스스로 정한 그 길과 함께하고 있다는 증거입니다.

당신의 기도를 하늘이 잘 들어준다면 당신의 기도의 내용이
하늘 스스로 정한 프로그램과 일치한다는 것을 의미합니다.

당신의 기도가 끝나기도 전에
하늘이 당신의 기도를 들어주었다면
당신은 하늘의 마음을 품고 하늘과 동행하고 있다는 것입니다.

당신이 기도를 하던 당신이 기도를 하지 않던
당신에게 일어날 일은 반드시 일어나게 되어 있으며
당신에게 일어나지 말아야 하는 일은
어떠한 경우에도 일어나지 않는 것이
하늘에서는 이치가 되며 땅에서는 순리가 됩니다.

당신이 기도를 하던
당신이 기도를 하지 않던 아무 상관없이
세상에서 일어날 일은 반드시 일어날 수밖에 없으며
세상에서 일어나지 않아야 될 일은 일어나지 않습니다.

하늘은 하늘 스스로 정한 그 길을 갑니다.
사람은 누구나 하늘에서 정한 그 길을 가고 있습니다.

세상은 언제나 하늘에서 정한 그 길로 가고 있습니다.
기도는 당신이 하늘에 접수한 민원입니다.
기도는 당신이 하늘에 청구한 당신의 소원입니다.
기도는 당신과 하늘 사이의 대화입니다.

하늘을 아는 사람이 하늘과의 대화가 원활할 수 있습니다.
하늘을 잘 아는 사람은 하늘에 접수할 민원이 적습니다.
하늘을 잘 아는 하늘 사람들은
기도를 통해 하늘에 청구할 소원이 적습니다.

하늘을 잘 아는 하늘 사람들은
하늘의 마음을 품고 있기에
하늘이 들어줄 수 있는 기도를 하는 사람들입니다.

하늘을 잘 알고 있는 하늘 사람들은
하늘의 가고 있는 길을 알기에
하늘에 민원을 접수하기보다는
하늘의 일을 도와주지 못해 마음이 아픈 사람들입니다.

하늘을 잘 알고 있는 하늘 사람들은
하늘과 동행하는 사람들이기에
하늘에 기도를 통해 자신의 소원을 청하지 않아도
기도를 하기도 전에 소원이 이루어짐을 아는 사람들입니다.

인류의 건승을 빕니다.

하늘이 인간의 맹세와 기도를
믿지 않는 이유

말속에는 참 많은 말들이 숨겨져 있습니다.
말속에는 참 많은 에너지들이 실려 있습니다.
말속에는 감출 수 없는 인간의 자만과 교만들이 묻어 있습니다.

말속에는 참 많은 두려움들이 곳곳에 묻어 있습니다.
말속에는 참 많은 걱정과 근심들이 담겨져 있습니다.
말속에는 참을 수 없는 인간의 욕망들이 담겨져 있습니다.

지금 내 앞에서 미안하다고 말을 하고 있는 순이의 말에서
나는 순이의 부끄러움을 느낄 수 있었습니다.
지금 내 앞에서 죄송하다고 말을 하고 있는 영희의 말에서
나는 영희의 진실함을 느낄 수 있었습니다.
지금 내 앞에서 나의 실수입니다라고 말을 하고 있는
철수의 말에서 나는 철수의 순수함을 느낄 수 있었습니다.

지금 내 앞에서 미안하다고 말을 하고 있는 손오공님의 말에서
나는 부끄러워하는 마음을 조금도 느낄 수 없었습니다.
지금 내 앞에서 죄송하다고 말을 하고 있는 사오정님의 말에서
나는 진실한 마음을 조금도 느낄 수 없었습니다.
지금 내 앞에서 나의 실수입니다라고 말하고 있는
저팔계님의 말에서 나는 순수한 마음을 조금도 느낄 수 없었습니다.

기도하는 사람마다 품고 있는 순수함의 정도가 모두 다릅니다.
기도하는 사람마다 품고 있는 진실함의 정도가 모두 다릅니다.
기도하는 사람마다 품고 있는 부끄러움의 정도가 모두 다릅니다.

수행하는 사람마다 품고 있는 순수함의 내용이 다릅니다.
수행하는 사람마다 품고 있는 진실함의 내용이 다릅니다.
수행하는 사람마다 품고 있는 부끄러움의 내용이 다릅니다.

복을 구하는 사람마다 품고 있는 순수함의 순도가 다릅니다.
복을 구하는 사람마다 품고 있는 진실함의 차원이 다릅니다.
복을 구하는 사람마다 품고 있는 부끄러움의 수준이 다릅니다.

사랑을 말하는 사람마다 품고 있는 순수함의 정도가 다릅니다.
사랑을 말하는 사람마다 품고 있는 진실함의 깊이가 다릅니다.
사랑을 말하는 사람마다 품고 있는 부끄러움의 깊이가 다릅니다.

사랑을 말하고 있는 사람마다 생각하는 사랑이 서로 다릅니다.
사랑을 말하고 있는 사람마다 추구하는 사랑이 서로 다릅니다.
사랑을 하고 있는 사람들마다 서로에게 원하는 사랑이 다릅니다.

사람은 사람 속을 다 모르기에
사람의 맹세를 믿을 수밖에 없습니다.

하늘은 사람의 마음속을 다 알 수 있기에
인간의 굳은 맹세를 믿지 않고 그저 지켜볼 뿐입니다.

사람은 사람의 마음속을 모르기에
사람의 약속을 믿을 수밖에 없습니다.

하늘은 사람의 마음 씀씀이를 모두 다 알고 있기에
인간의 굳은 약속을 믿지 않고
그저 바라 보고 있을 뿐입니다.

사람은 사람의 마음속을 다 볼 수 없기에
사람의 눈물을 믿을 수밖에 없습니다.

하늘은 사람의 마음 보따리에 들어있는 것을 모두 알기에
인간이 눈물로 호소하는 회개를 믿지 않고
그저 지켜보고 있을 뿐입니다.

사람은 사람의 마음속을 다 느낄 수 없기에
사람의 약속을 믿고
사람의 맹세를 믿을 수밖에 없습니다.

하늘은 사람의 마음속을 거울처럼 볼 수 있기에
인간이 큰 소리로 울면서 큰 소리내어 하는 기도를 믿지 않고
그저 듣고만 있을 뿐입니다.

자신을 먼저 속여야 타인을 속일 수 있습니다.
자신을 먼저 용서해야 타인을 용서할 수 있습니다.

자신을 믿지 못하는 사람은 다른 사람을 믿을 수 없습니다.
자신을 믿는 구석이 있는 사람만이 타인을 믿을 수 있습니다.

자신을 설득하지 못하면 타인을 설득할 수 없습니다.
자신을 이해시키지 못하면 타인을 이해시킬 수 없습니다.

자신을 진정으로 사랑하는 사람만이
타인을 진정으로 사랑할 수 있습니다.

자신을 감동시킬 수 있는 사람만이
하늘의 마음을 움직일 수 있습니다.

자신을 진정으로 감동시킬 수 있는 사람만이
대우주를 경영하는 공평무사한
하늘의 마음을 얻을 수 있을 것입니다.

인류의 건승을 빕니다.

제3부

죄란 무엇인가?

죄란 땅에서 사람이 살면서
하늘이 심어놓은 양심을 잃어버린 것을 말합니다.
죄란 땅에서 사람이 살면서
인간에 대한 예의를 다하지 않은 것을 말합니다.
죄란 땅에서 사람이 살면서
생명체에 대한 존중을 다하지 않은 것을 말합니다.

양심의 비밀

양심은 영이 고유하게 구현하고 있는 창조주의 신성을 말합니다.
양심은 영이 고유하게 구현하고 있는 창조주의 의식을 말합니다.

양심은 영을 통해 구현되고 있는 창조주의 신성을 말합니다.
양심은 영을 통해 구현되고 있는 창조주의 의식을 말합니다.

양심은 고유성과 특수성이 있습니다.
양심은 보편성과 일반성이 있습니다.
우주에서 똑같은 영혼은 존재하지 않습니다.

영이 창조될 때 사고조절자와 진리의 영과 거룩한 영의
스펙트럼과 결합 비율이 모두 다르기 때문입니다.

영마다 자신의 고유한 파장이 있습니다.
영마다 자신의 고유한 진동수가 있습니다.
영마다 자신만의 고유한 색깔이 있습니다.

빨간색 파장의 영과 파란색 파장의 영이 있습니다.
노란색 파장의 영과 초록색 파장의 영이 있습니다.
색이 다르다고 차이가 있는 것이 아닙니다.
색이 다르다고 특별한 것이 아닙니다.

영마다 고유한 색이 있으며 이것을 고유성이라 합니다.

같은 빨간색 스펙트럼을 가진 영혼일지라도
서로 다른 의식을 발현하고 있으며
사고조절자에 담고 있는 정보의 질이 다릅니다.

영은 창조주의 신성을 품고 있습니다.
영이 빨간색이든 파란색이든 창조주의 신성을 품고 있습니다.
빨간색 영이 빨간색의 정체성을 유지할 수 있도록 하는
창조주의 신성이 양심입니다.
이것을 양심의 보편성이라고 합니다.

영이 영혼의 물질 체험을 하는 동안에 발생한
과도한 카르마로 인하여 카르마 균형잡기에 실패하게 되면
영이 자신의 고유한 빨간색을 빨간색으로 유지해주는
양심의 에너지가 발현되지 못하게 됩니다.

양심은 영과 영들을 하나의 의식으로 연결해주는
창조주의 사랑의 에너지입니다.

양심은 영과 영들이 창조주의 의식에서 나온 자녀임을
공감하고 공명할 수 있는 창조주의 신성한 의식입니다.

양심의 에너지가 제대로 발현되지 못하면
영은 자신의 고유한 파장을 발산하지 못하고

다른 색의 파장을 발산하게 되는데 이것을 영의 모순이라고 합니다.

영의 모순은 대부분 과도한 카르마로부터 발생합니다.
영의 모순이 카르마 에너지로 인하여 심해지면
영은 자신의 고유한 색을 잃어버리게 됩니다.

영이 창조주께서 부여한 고유성을 잃어버리면
그 영은 우주에서 영혼의 물질 체험을 할 수 없게 되어
아주 긴 세월동안 교정과정을 이수해야 합니다.

영이 창조주께서 부여한 고유성을 51% 이상 잃어버리면
영혼이 쓸모없게 되어 소멸 절차를 따르게 됩니다.

영이 창조주께서 부여한 고유성을 잃어버렸다는 것은
영이 창조주의 신성을 발산하지 못한다는 것을 의미합니다.

영이 창조주께서 부여한 양심을 잃어버렸다는 것은
영이 창조주의 의식을 더 이상 발현하지 못함을 의미합니다.

영이 창조주께서 부여한 양심을 잃어버렸다는 것은
영이 창조주의 사랑을 더 이상 발현하지 못함을 의미합니다.

영이 창조주께서 부여한 양심을 잃어버렸다는 것은
영이 창조주의 의식이 아닌 의식의 축이 무너져 발산하고 있는
비뚤어진 영의식을 발현한다는 것을 의미합니다.

양심은 창조주께서 영을 창조할 때
사고조절자와 진리의 영과 거룩한 영의 조합으로 탄생한
태초의 순수한 의식을 말합니다.

양심은 창조주께서 사고조절자를 통해 부여한 창조주의 의식이
빛의 입자성과 직진성을 가진 진리의 영을 통과하고
빛의 파동성과 굴절성을 가진 거룩한 영을 통과하여 나온
최초의 순수한 영의 모나드(monad) 의식을 말합니다.

가장 높은 진동수를 가진 의식은 창조주의 의식입니다.
가장 높은 진동수를 가진 창조주의 의식이
4차원의 물질세계에 드러나기 위해서는
사고조절자와 진리의 영과 거룩한 영이라는
3가지 스펙트럼을 반드시 통과해야 합니다.

인간은 감정의 영향을 많이 받습니다.
인간은 혼 에너지의 영향을 많이 받습니다.

인간의 육신의 옷을 입은 영혼이
물질세계에 최적화된 감정에 휩쓸리지 않고
창조주의 신성을 최대한 발휘할 수 있도록 하기 위해
창조주께서 설치한 것이 거룩한 영입니다.

인간의 육신의 옷을 입은 영혼이
자신의 생각이나 이념이나 나쁜 습관들이

창조주께서 사고조절자를 통해 영에게 부여한
창조주의 의식인 양심에 끼치는 영향을 최소화하기 위해 설치한 것이
거룩한 영과 메타 휴머노이드 의식구현 시스템입니다.

창조주께서 부여한 창조주의 신성한 의식인 양심과
인간이 물질 체험을 하면서 발생한 욕망이나 욕심과 충돌하는 곳이
마음입니다.

마음은 창조주께서 부여한 양심과
인간의 에고의 집착이나 욕망이 충돌하는 곳입니다.

마음은 창조주께서 영에게 부여한 양심과
창조주의 신성을 잃어버린 영의식이 충돌하는 곳입니다.

마음은 창조주께서 영에게 부여한
창조주의 신성의 에너지인 양심과
창조주의 신성한 에너지를 잃어버린
타락한 양심이 충돌하는 곳입니다.

마음은 조물주의 조물작용에 의해 인위적으로 탄생된 의식과
조물주가 영이 탄생될 때 영에게 부여한 양심이
서로 공존하면서 충돌하는 곳입니다.

창조주께서 주신 양심을 간직하고 있는 영들은
사랑에 기초한 의식을 구현하게 됩니다.

창조주께서 주신 양심을 잃어버린 영들은
두려움에 기초한 부정적인 의식을 구현하게 됩니다.

마음은 사랑의 에너지에서 발현된 의식과
두려움이라는 에너지에서 발현된 의식이
서로 갈등하고 충돌하는 곳입니다.

창조주께서 주신 양심을 잃어버린 영혼일수록
두려움에 바탕을 둔 부정적인 에너지들이
마음의 작용을 통해 나타납니다.

창조주께서 주신 양심을 간직한 영혼일수록
사랑의 에너지에 바탕을 둔 긍정적인 에너지들이
마음의 작용을 통해 나타납니다.

마음이 발생하는 장치를
메타 휴머노이드 의식구현 시스템이라고 합니다.
마음은 영의식과 혼의식이 충돌하는 곳입니다.
영의식과 혼의식이 충돌하는 곳이
메타 휴머노이드 의식구현 시스템입니다.

마음은 양심과 인간의 욕망이 충돌하는 곳입니다.
천성(天性)은 인간의 몸을 통해 이번 생에 타고나는 마음을 말합니다.
본성(本性)은 인간의 몸을 통해 발현되는
영의식과 혼의식을 말합니다.

양심은 영이 탄생될 때 창조주로부터 부여받은
창조주의 신성한 의식을 말합니다.

양심은 윤회를 통한 카르마의 해소를 통해 회복할 수 있습니다.
양심은 하늘의 교정 프로그램을 통해 회복할 수 있습니다.
양심은 영의 모순의 해결을 통해 회복할 수 있습니다.

양심은 선천적 사고조절자의 모순의 해결을 통해
회복할 수 있습니다.

시절인연이 되어 우데카 팀장이
대우주의 비밀을 전합니다.

카르마의 비밀

인간이 가장 두려워하는 것은 죽음에 대한 공포입니다.
영혼이 가장 두려워하는 것은 영혼의 소멸입니다.

영혼이 소멸되는 가장 큰 이유는 카르마 때문입니다.
영혼은 육신의 옷을 입고 카르마를 지으며
카르마를 해소하는 과정 속에서 진화합니다.

한 번의 삶을 통해 해소할 수 있는 카르마량은 정해져 있습니다.
한 번의 삶을 통해 발생하는 카르마량은
카르마의 내용에 따라 다르며 제한이 없습니다.
카르마는 본영에 의해 관리됩니다.

카르마 관리에 실패한 영혼들은
교정 과정을 거치게 됩니다.
교정 과정은 카르마를 집중적으로 해소하는 과정을 말합니다.
카르마의 해소 과정은 잃어버린 양심을 회복하는 과정입니다.

우주에서 아주 오랜 세월동안 교정 과정을 거치면서
대부분의 영혼들은 카르마를 해소하고
무너졌던 양심의 축이 바로 서게 됩니다.

우주에서 한 주기 정도의 긴 세월동안 교정기간에
카르마를 해소하면서 무너졌던 양심의 축이 바로 서지 못한 영혼들은
우주의 법정에서 영혼의 소멸판정을 받게 됩니다.

영혼의 소멸이 결정이 난 영혼은
자신이 우주에서 남긴 카르마를 모두 해소한 뒤에야
영혼이 소멸되는 행정적 절차가 이루어집니다.

영혼의 소멸 결정이 나기까지 수천만 년 동안
영혼에게는 수많은 기회들이 주어지게 됩니다.
그 많은 기회 중에서 가능성을 보지 못하게 되는 경우
영혼은 카르마가 모두 해소되고 나면 소멸이 집행됩니다.

영혼의 소멸이 영혼에게 내리는 최고의 판결이라면
영혼의 물질 체험이 일정기간 동안 중지되는 중형이 있습니다.

자신이 지은 카르마는 오직 자신만이 해소할 수 있습니다.
자신이 지은 카르마는 타인이 대신 해소할 수 없습니다.
카르마는 오직 몸의 고통을 통해서만 해소할 수 있습니다.
카르마는 질병을 통해서 해소할 수 있습니다.
카르마는 정신분열과 인지장애를 통해서 해소할 수 있습니다.
카르마는 윤회 프로그램을 통해서만 해소할 수 있습니다.

카르마는 영혼이 탄생할 때 창조주로부터 받은
양심의 발현이 되지 않도록 막게 됩니다.

카르마는 영혼이 탄생할 때 창조주로부터 받은
영의식의 발현이 되지 않도록 막게 됩니다.
카르마가 많은 영혼들은 자신의 고유성을 잃게 되고
정상적인 사고과정이 이루어지지 않게 됩니다.

영혼이 물질 체험을 하면서 카르마가 발생하여
양심의 발현이 25% 이상 문제가 생기게 되면
영단 관리자들은 우주에서 관찰 대상이 됩니다.

영혼이 카르마로 인하여
양심의 발현이 30% 이상 문제가 발생하면
경고등에 불이 들어오면서
그 영혼은 하늘의 집중 관리 대상이 됩니다.

영혼이 카르마로 인하여
양심의 발현이 40% 이상 문제가 발생하면
지구와 같은 감옥행성에 보내져
어둠의 방식의 물질 체험을 통해
카르마를 집중적으로 해소하게 됩니다.

영혼이 카르마로 인하여
양심의 발현에 문제가 생겼지만
양심이 51% 이상 발현되고 있다면
이 영혼은 아직은 양심이 작동되고 있다고 보고 있습니다.

카르마가 해소되는 과정은
영의식이 교정되는 과정입니다.
카르마가 해소되는 과정은
무너진 영의식이 균형을 찾아가는 과정입니다.
카르마가 해소되는 과정은
영혼의 모순이 교정되는 과정입니다.

카르마의 법칙은 우주에서 가장 엄중한 법칙입니다.
카르마의 법칙은 창조주라 할지라도 함부로 개입할 수 없습니다.
카르마의 법칙과 윤회의 법칙은
대우주를 움직이는 두 개의 거대한 수레바퀴입니다.

시절인연이 되어
우데카 팀장이
대우주의 카르마의 비밀을 전합니다.

원죄와 영혼의 교정

원죄란 하늘에서 천사들이 지은 죄를 말합니다.

원죄란 하늘에서 대우주를 운영하는 창조주의 의식에서 벗어난
천사들이 지은 죄를 말합니다.

원죄란 하늘에서 천사들의 전체의식에서 벗어난
천사들이 지은 죄를 말합니다.

원죄란 하늘에서 천사들이 창조주의 명령을 거부하고
영의 자유의지만을 주장하는 것을 말합니다.

원죄란 하늘에서 천사들의 반란을 주도한 천사들이
우주 법정에서 판결받은 죄를 말합니다.
원죄란 하늘에서 루시퍼의 반란에 참여한 천사들이
우주 법정에서 판결받은 죄를 말합니다.

원죄란 하늘에서 천사들이 죄를 짓고 땅으로 내려올 때
우주 법정에서 판결받은 형량을 말합니다.

원죄 중에 가장 큰 원죄는 자신을 창조한 창조주를 부정하고
스스로를 창조주라고 여기는 것입니다.

원죄란 천사들이 우주 법정에서 영혼의 소멸판정을 받고
땅으로 환속이 결정될 때 받은 죄목을 말합니다.

원죄란 창조주께서 주신 영의 고유성이
심각하게 훼손되었을 때를 말합니다.

원죄란 창조주께서 영이 창조될 때 모든 영들에게 주신
양심이라는 의식을 잃어버렸을 때를 말합니다.

원죄란 창조주께서 영이 창조될 때 모든 영들에게 주신
사랑과 자비와 연민의 에너지를 잃어버렸을 때를 말합니다.

원죄란 창조주께서 영이 창조될 때
영에게 부여하신 사고조절자가 손상되어
영이 정상적인 영의식을 구현하지 못할 때를 말합니다.

원죄란 창조주께서 영이 창조될 때 부여하신 진리의 영이 잘못되어
영이 정상적인 영의식이 구현되지 못할 때를 말합니다.

원죄란 창조주께서 영이 창조될 때 부여하신 거룩한 영이 잘못되어
영이 정상적인 영의식이 구현되지 못할 때를 말합니다.

원죄란 창조주께서 영이 창조될 때 부여하신 영 에너지가
심각하게 오염되어 정상적인 영의식을 구현하지 못할 때를 말합니다.

원죄란 창조주께서 영이 창조될 때 주신 영의식의 축이 무너져
진동수가 높은 빛에 반응하지 못하고
진동수가 낮은 어둠의 빛에 반응할 때를 말합니다.

원죄란 비물질세계에서 일하고 있는 높은 진동수를 가진 천사들이
진동수가 낮은 물질세계에 자주 노출이 되면서
진동수가 낮은 에너지에 반응하면서
영의식의 축이 무너지는 것을 말합니다.

원죄란 영이 물질 체험을 하는 도중 지은 카르마로 인하여
영의식의 축이 무너져 비정상적인 의식이 구현될 때를 말합니다.

영이 교정된다는 것은
땅으로 육화하신 창조주에 의해 원죄가 해소됨을 의미합니다.

영이 교정된다는 것은 영의 모순이 해결됨을 의미합니다.
영이 교정된다는 것은 영이 처음 탄생될 때의 모습으로
재탄생됨을 의미합니다.

영이 교정된다는 것은 하늘의 축복이 함께함을 의미합니다.
영이 교정된다는 것은 영이 원죄에서 죄사함을 받음을 의미합니다.
영이 교정된다는 것은 영이 거듭남을 의미합니다.

영이 교정된다는 것은 새로운 사람으로 거듭남을 의미합니다.
영이 교정된다는 것은 성격이 바뀐다는 것을 의미합니다.

영이 교정된다는 것은 운명이 바뀐다는 것을 의미합니다.

영이 교정된다는 것은 새 하늘과 새 땅에 들어감을 의미합니다.
영이 교정된다는 것은 육신의 옷을 입고 땅으로 내려온
창조주와 동행함을 의미합니다.

원죄를 지은 영들은 하늘에서 영의 교정을 받게 됩니다.
원죄를 지은 영들 중에 영의 교정을 통해 대부분의 영들은
영의 교정이 이루어져 업무에 복귀하게 됩니다.

원죄를 지은 영들 중에
하늘에서 영의 교정이 이루어지지 않는 천사들은
하늘에서 영혼의 소멸이 바로 이루어집니다.

원죄를 지은 영들 중에 영의 교정이 잘 되지 않는 천사들 중에
우주의 진화에 공이 있는 천사들은
영의 교정을 위해 땅으로 환속결정이 이루어집니다.

원죄를 지은 천사들 중에 루시퍼의 반란 때 반란군에게 피해를 입고
영의 교정을 위해 땅으로 환속한 천사들이 많이 있습니다.

영의 교정을 위해 땅으로 환속하여
육신의 옷을 입고 살고 있는 영혼들의 영의 교정이
하늘에 의해 100% 모두 이루어졌음을 전합니다.

2022년 5월 4일 6시
루시퍼 반란에 참여한 반란군들에게 공격을 당해 피해를 입고
영의 교정을 위해 힘들게 살고 있는 피해자 영혼들은
땅으로 내려온 하늘에 의해
영의 교정이 100% 이루어졌음을 전합니다.

2022년 5월 4일 6시
하늘에서 원죄를 짓고 영의 교정을 위해
땅으로 쫓겨난 천사들의 영의 교정이
땅으로 내려온 하늘의 시스템에 의해
모두 이루어졌음을 전합니다.

산 자와 죽은 자의 구분이 영의 교정에 있음이라
우주의 공리에 의해 영의 교정이 진행되었음이라
우주의 섭리에 의해 영의 교정이 진행되었음을 전합니다.

기록의 필요성이 있어
정리의 필요성이 있어
우데카 팀장이 이 글을 기록으로 남깁니다.

하늘이 당신을 인간으로 태어나 살게 하는 이유

나이가 어려도 생각하는 것이 어른스러운 사람이 있습니다.
나이가 많아도 생각하는 것이 어린아이 같은 사람이 있습니다.
이렇게 차이가 나는 이유는 영혼의 나이가 다르기 때문입니다.

나이가 어려도 말하는 것이 어른스러운 사람이 있습니다.
나이가 많아도 말하는 것이 어린아이 같은 사람이 있습니다.
이렇게 차이가 나는 이유는
사물을 인지하는 메타인지의 수준이 다르게 조물되었기 때문입니다.

나이가 어려도 타인을 배려할 줄 아는 사람이 있습니다.
나이가 많아도 자기 중심적인 사람이 있습니다.
이렇게 차이가 나는 이유는 마음 보따리라고 알려져 있는
심포의 크기가 작게 조물되어 태어났기 때문입니다.

나이가 어려도 타인을 수용하는 능력이 있는 사람이 있습니다.
나이가 많아도 자신을 드러내기 위해 애쓰는 사람이 있습니다.
이렇게 차이가 나는 이유는
성격의 외향성과 내향성을 결정하는 심포의 발산력이
서로 다르게 조물되어 태어났기 때문입니다.

한 번을 만나도 척하면 척하고 말이 통하는 사람이 있습니다.

수십 년을 만나도 이심전심이 잘 안 되는 사람이 있습니다.
이렇게 차이가 나는 이유는
성격의 융통성을 결정하는 진리의 영과 거룩한 영의 조물이
다르기 때문입니다.

똑같은 시간에
똑같은 장소에서
똑같은 내용을 공부해도
서로 인지하는 수준이 다 다릅니다.
이렇게 차이가 나는 이유는
영혼의 고유성과 개체성이 서로 다르기 때문입니다.

똑같은 시간에
똑같은 장소에서
똑같은 내용을 공부해도
서로 다르게 인지하여
서로 대화가 불가능한 경우가 있습니다.
이렇게 차이가 나는 이유는
영혼에게 부여된 사고조절자의 종류가 다르기 때문입니다.

똑같은 시간에
똑같은 장소에서
똑같은 세월을 살아도
인간의 성격이 세살 버릇 여든까지 살아도 잘 변하지 않는 이유는
영혼의 진화를 위해 하늘이 일부러 설치한 모순 때문입니다.

인간의 육체는 7년을 주기로 하늘에 의해 전환이 일어납니다.
인간의 의식은 5년을 주기로 하늘에 의해 미세조정이 일어납니다.

인간이 살면서 철이 들어가는 이유가 여기에 있습니다.
인간이 나이가 들어가면서
세상이 내 뜻대로 내 마음대로 되지 않는다는 것을 배우면서
인간의 성격은 잘 변하지 않지만
인간의 의식은 변하는 이유가 여기에 있습니다.

삼십 년을 살아도 인간의 성격은 잘 바뀌지 않습니다.
오십 년을 살아도 인간의 성격은 잘 바뀌지 않습니다.
백 년을 살아도 인간의 성격은 잘 바뀌지 않습니다.
이것은 하늘이 영혼의 물질 체험을 위해
영혼의 진화를 위해 의도적으로 설치한 모순이기 때문입니다.
인간의 성격은 천성이라 잘 변하지 않기 때문입니다.

삼십 년을 살아도 인간의 성격은 잘 변하지 않지만
인간의 생각은 커지고 성숙되어 갑니다.
이것이 인간이 태어나 살고 있는 이유이기 때문입니다.

오십 년을 살아도 인간의 성격은 잘 변하지 않지만
인간의 의식은 확장되고 깊어져 갑니다.
이것이 당신의 영혼이 인간으로 태어나 살고 있는 이유입니다.

백 년을 살아도 인간의 성격은 잘 변하지 않습니다.

인간이 백 년을 살다 보면
세상을 보는 눈과 인간을 바라보는 시야가 확장됩니다.
이것을 위해 당신은 지금 여기 지구 행성에
인간으로 살아가고 있습니다.

삼십 년을 살아도 성격이 잘 변하지 않고
생각도 변하지 않는 사람이 있습니다.
오십 년을 살아도 성격이 잘 변하지 않고
생각하는 수준이 변하지 않는 사람이 있습니다.
백 년을 살아도 성격이 잘 변하지 않고
생각하는 방향이 변하지 않는 사람이 있습니다.

이렇게 생각이나 의식의 성장이 잘 일어나지 않는 이유는
본영의 모순이 그대로 나타나고 있기 때문입니다.

성격의 차이는 하늘이 인간의 몸에 설치한 의도적인 모순입니다.
성격의 모순은 하늘이 인간의 몸에 설치한 매트릭스입니다.
하늘은 인간에게 나타나는 성격의 모순을 평가하거나
단죄하지 않습니다.

인간에게 나타나는 성격의 모순을
인간의 몸에 설치한 주체가 하늘이기 때문입니다.

하늘이 당신을 인간으로 오십 년을 살게 하는 이유는
성격은 변하지 않아도 생각을 성숙시키고 변화시키기 위해서입니다.

하늘이 당신을 인간으로 백 년을 살게 하는 이유는
성격은 변하지 않아도 의식을 성숙시키고 확장시키기 위해서입니다.
하늘이 당신을 인간으로 지금까지 살게 하는 이유는
다양한 삶을 통해 의식의 성숙과 확장을 통해
당신의 몸에 설치한 성격의 모순을 해결해보라는 이유입니다.

하늘이 당신을 인간으로 살게 하고 있는 이유는
인간의 몸에 설치된 성격의 모순을 가지고 살면서
생각이나 의식의 확장을 통해
성격의 모순을 극복하면서
영혼의 진화를 하게 하기 위해서입니다.

하늘이 당신을 인간으로 살게 하고 있는 이유는
인간의 몸에 설치한 성격의 모순을 가지고 살면서
본영의 모순을 해결하기 위해서입니다.

본영의 모순을 해결할 수 있는 유일한 방법은
인간의 몸에 설치한 성격의 모순을 가지고 살면서
수많은 시행착오를 경험해야
본영의 모순이 해결될 수 있기 때문입니다.

정리의 필요성이 있어
기록의 필요성이 있어
이 글을 우데카 팀장이 남깁니다.

부정성이 정화된다는 것이 갖는 의미

원인을 알 수 없이 수시로 분출하는 화를 부정성이라 합니다.
원인을 알 수 없이 아무 때나 폭발하는 분노를 부정성이라 합니다.

원인을 알 수 없는 두려움과 공포를 부정성이라 합니다.
원인을 알 수 없는 초조함과 불안을 부정성이라 합니다.

원인을 알 수 없는 감정장애를 부정성이라 합니다.
원인을 알 수 없는 우울증과 조울증을 부정성이라 합니다.

원인을 알 수 없이 끊임없이 떠오르는 생각을 부정성이라 합니다.
원인을 알 수 없이 끊임없이 올라오는 감정을 부정성이라 합니다.

멈출 수 없는 생각을 부정성이라 합니다.
멈출 수 없는 욕망을 부정성이라 합니다.

나도 모르게 순간적으로 올라오는 화를 부정성이라 합니다.
나도 모르게 폭발적으로 올라오는 분노를 부정성이라 합니다.

내 안에서 두려움과 공포를 일으키는 에너지를 부정성이라 합니다.
내 안에서 초조함과 불안을 일으키는 에너지를 부정성이라 합니다.
내 안에서 감정장애를 일으키는 에너지를 부정성이라 합니다.

내 안에서 정신분열을 일으키는 에너지를 부정성이라 합니다.

내 안에서 끊임없이 자만과 교만을 불러일으키는 에너지를
부정성이라 합니다.
내 안에서 끊임없이 열등감과 소외감을 일으키는 에너지를
부정성이라 합니다.

비뚤어진 생각이 부정성의 원인이 됩니다.
비뚤어진 감정이 부정성의 원인이 됩니다.
비뚤어진 욕망이 부정성의 원인이 됩니다.

부정성은 부정적인 에너지에서 발생합니다.
부정성은 영혼에게서 발현되는
영의식에 문제가 있기 때문에 발생합니다.
부정적인 에너지가 많다는 것은
영혼이 아프다는 것을 말합니다.

부정성이 많다는 것은 부정적인 의식에서 발생합니다.
부정성이 많다는 것은
그만큼 카르마가 많다는 것을 말합니다.
부정성이 많다는 것은
영혼이 치유가 필요할 만큼 병들어 있다는 것을 말합니다.

부정성은 내 영혼이 창조주로부터 영혼이 탄생될 때 받은
영의식의 발현이 왜곡되어 발생합니다.

부정성은 내 영혼이 창조주로부터 영혼이 탄생될 때 받은
양심을 잃어버렸기 때문에 발생합니다.

부정성은 영혼들이 창조주로부터 영혼이 탄생될 때 받은
사랑을 잃어버렸기 때문에 발생합니다.

긍정적인 생각은 인간이 구현할 수 있는 플러스 영역입니다.
부정적인 생각은 인간이 구현할 수 있는 마이너스 영역입니다.

긍정성은 인간의 감정이 구현할 수 있는 플러스 영역입니다.
부정성은 인간의 감정이 구현할 수 있는 마이너스 영역입니다.

긍정성은 인간의 의식이 구현할 수 있는 플러스 영역입니다.
부정성은 인간의 의식이 구현할 수 있는 마이너스 영역입니다.

긍정적인 생각의 기원은 내 영혼의 영의식입니다.
긍정적인 감정의 기원은 내 영혼에 깃들어 있는 양심입니다.
긍정적인 의식의 기원은 내 영혼에 깃들어 있는
창조주의 신성한 의식입니다.

부정적인 생각의 기원은 내 영혼의 영의식입니다.
부정적인 감정의 기원은 내 영혼이 지은 카르마 에너지입니다.
부정적인 의식의 기원은
내 영혼이 잃어버린 창조주의 신성한 의식을 말합니다.

부정적인 생각의 기원은 내 영혼이
영혼의 물질 체험 과정에서 잃어버린 창조주의 신성입니다.

부정적인 감정의 기원은
내 영혼이 영혼의 물질 체험 과정에서 발생한 카르마로 인하여
잃어버린 창조주의 사랑입니다.

부정적인 의식의 기원은
내 영혼이 영혼의 물질 체험 과정에서 발생한 카르마로 인하여
잃어버린 창조주의 신성한 의식을 말합니다.

부정성이란 사랑을 잃어버린 영혼들이 뿜어내는
부정적인 에너지를 말합니다.
부정성이란 영혼들이 우주에서 카르마를 지을 때 뿜어낸
부정적인 에너지를 말합니다.
부정성이란 영혼들이 우주에서 지은 카르마 에너지를 말합니다.

부정성이 극복된다는 것은
몸과 마음이 건강해진다는 것을 의미합니다.

부정성이 극복된다는 것은
영혼들의 카르마가 해소된다는 것을 의미합니다.

부정성이 극복된다는 것은
영혼들이 잃어버린 양심을 회복하는 것을 말합니다.

부정성이 극복된다는 것은
영혼들이 잃어버린 사랑을 회복하는 것을 말합니다.

부정성이 극복된다는 것은
해탈과 해인의 세계가 열린다는 것을 의미합니다.

부정성이 극복된다는 것은
보살과 부처의 마음을 쓸 수 있다는 것을 의미합니다.

부정성이 극복된다는 것은
영혼들이 잃어버린 창조주의 신성을 회복한다는 것을 말합니다.

부정성이 극복된다는 것은
영혼들이 창조주의 품으로 돌아온다는 것을 의미합니다.

부정성이 극복된다는 것은
영혼의 여행이라는 멀고도 먼 길을 떠난 영혼들이
때가 되어 집으로 돌아온다는 것을 의미합니다.

집으로 돌아오고 있는 영혼들에게
고마움과 감사함을 전합니다.
모두들 수고하셨습니다.

마음 고생을 하고 있는 사람들에게

마음은 영혼의 창입니다.

마음에는 영혼의 기억이 저장되어 있습니다.
마음에는 우주의 모든 차원이 연결되어 있습니다.

마음에는 사실보다 더 무서운 감정이 흐르고 있습니다.
마음에는 진실보다 더 무서운 감정이 흐르고 있습니다.
마음에는 진리보다 더 무서운 감정이 흐르고 있습니다.

사람의 마음 밭에는 하늘의 마음인 순수의식이 심어져 있습니다.
사람의 마음 밭에는 순수의식보다 더 무서운
사람의 감정이 흐르고 있습니다.

마음에는 영혼의 카르마가 새겨져 있습니다.
마음에는 우주의 카르마가 담겨져 있습니다.
마음에는 우주의 모든 차원의 문이 연결되어 있습니다.

마음에는 카르마의 크기 만큼의 감정이 흐르고 있습니다.
마음에는 카르마의 무게 만큼의 감정이 흐르고 있습니다.
마음에는 카르마의 깊이 만큼의 감정이 흐르고 있습니다.

사람의 마음 밭에는 하늘의 마음인 진리의 씨앗이 있습니다.
사람의 마음 밭에는 진리의 씨앗보다 더 무서운
사람의 감정이 흐르고 있습니다.

마음은 양심이 일어나는 곳입니다.
마음은 정의감이 일어나는 곳입니다.
마음은 분별심이 일어나는 곳입니다.

마음에는 양심보다 더 무서운 감정이 흐르고 있습니다.
마음에는 정의보다 더 무서운 감정이 흐르고 있습니다.
마음에는 옳고 그름보다 더 무서운 감정이 흐르고 있습니다.

마음 밭에는 하늘의 마음인 양심의 씨앗이 심어져 있습니다.
마음 밭에는 양심보다 무서운 사람의 마음인 감정이 있습니다.

마음은 영혼의 기억 저장소입니다.
마음은 영혼의 우주 도서관입니다.
마음은 우주의 모든 정보의 네트워크망과 연결되어 있습니다.

마음에는 기억보다 더 무서운 감정이 흐르고 있습니다.
마음에는 생각보다 더 무서운 감정이 흐르고 있습니다.
마음에는 상식보다 더 무서운 감정이 흐르고 있습니다.

지금은 아무것도 기억하지 못하지만 마음 속에는
당신 영혼이 우주에서 경험한 모든 에너지가 흐르고 있습니다.

마음은 믿음이 일어나는 곳입니다.
마음은 소망이 일어나는 곳입니다.
마음은 사랑이 피어나는 곳입니다.

마음에는 믿음보다 더 무서운 감정이 흐르고 있습니다.
마음에는 소망보다 더 무서운 감정이 흐르고 있습니다.
마음에는 사랑보다 더 무서운 감정이 흐르고 있습니다.

지금은 아무것도 기억할 수는 없지만 마음 속에는
당신 영혼이 우주에서 경험한 에너지와 함께하고 있습니다.

사랑은 에너지입니다.
사랑은 서로의 에너지를 의식으로 경험하는 것입니다.
사랑은 서로의 에너지를 감정으로 경험하는 것입니다.

마음은 에너지입니다.
마음은 서로의 에너지에 공명하고 반응하는 것입니다.
마음은 서로의 에너지를 의식을 통해 경험하는 것입니다.
마음은 서로의 에너지를 감정을 통해 체험하는 것입니다.

마음은 에너지입니다.
마음속에 에너지가 잘 흐르지 못하면 불편하게 됩니다.
서로의 에너지에 공명하지 못하면 불편하게 됩니다.

서로가 에너지가 맞지 않으면 에너지는 충돌하게 됩니다.

마음이 고생하는 것은
당신의 과거의 기억이 에너지로 흐르고 있는 것입니다.

마음이 고생한다는 것은
당신의 과거의 흔적이 감정이라는 에너지로 나타나는 것입니다.

마음 고생이 심하다는 것은
당신의 과거가 지금 재현되고 있다는 것입니다.

당신이 지금 마음이 아픈 이유는
당신이 과거에 체험한 에너지를 다시 경험하고 있기 때문입니다.

당신이 지금 마음이 너무 아픈 이유는
당신이 과거에 체험한 에너지로부터 치유받고 싶기 때문입니다.

당신이 지금 마음이 아파도 너무 아픈 이유는
당신이 과거에 체험한 에너지로부터 자유롭고 싶기 때문입니다.

우주의 에너지의 법칙 속에 감정이 있습니다.
우주의 에너지의 법칙 속에 의식이 있습니다.
우주의 에너지의 법칙 속에 마음이 있습니다.

우주의 카르마 에너지의 법칙 속에 마음이 에너지로 흐르고 있습니다.
우주의 카르마 에너지의 법칙 속에 감정이 에너지로 흐르고 있습니다.

마음이라는 거울을 통해
우주의 인연법들이 에너지로 흐르고 있습니다.

마음이라는 거울을 통해
당신 영혼이 우주에서 경험한 다양한 에너지들이
우주의 인연법 속에 감정이라는 에너지로 흐르고 있습니다.

마음이라는 거울을 통해
당신 영혼이 우주에서 경험한 이야기들이
우주의 인연법 속에 의식이라는 에너지로 나타나고 있습니다.

마음이라는 거울을 통해
당신 영혼이 우주에서 체험한 이야기들이
우주의 인연법 속에 인생 이야기로 펼쳐지고 있는 것입니다.

마음은 흘러야 합니다.
마음이 흐르는 곳에 당신의 과거가 있으며
마음이 흐르는 곳에 당신의 현재가 있으며
마음이 흐르는 곳에 당신의 미래가 있습니다.

마음이 머무는 곳에 당신의 과거가 펼쳐지고 있으며
마음이 머무는 곳에 당신의 현재가 펼쳐져 있으며
마음이 머무는 곳에 당신의 미래가 있습니다.

이 우주에서 잘못되는 일은 아무것도 없습니다.

원죄와 영혼의 소멸

원죄란 하늘에서 천사들이 지은 죄를 말합니다.

원죄란 하늘에서 대우주를 운영하는 창조주의 의식에서 벗어난
천사들이 지은 죄를 말합니다.

원죄란 하늘에서 천사들의 전체의식에서 벗어난
천사들이 지은 죄를 말합니다.

원죄란 하늘에서 천사들이 창조주의 명령을 거부하고
영의 자유의지만을 주장하는 것을 말합니다.

원죄란 하늘에서 천사들의 반란을 주도한 천사들이
우주 법정에서 판결받은 죄를 말합니다.
원죄란 하늘에서 루시퍼의 반란에 참여한 천사들이
우주 법정에서 판결받은 죄를 말합니다.

원죄란 하늘에서 천사들이 죄를 짓고 땅으로 내려올 때
우주 법정에서 판결받은 형량을 말합니다.

원죄 중에 가장 큰 원죄는 자신을 창조한 창조주를 부정하고
스스로를 창조주라고 여기는 것입니다.

원죄란 천사들이 우주 법정에서 영혼의 소멸판정을 받고
땅으로 환속이 결정될 때 받은 죄목을 말합니다.

원죄란 영이 창조주께서 주신 영의 고유성이
심각하게 훼손되었을 때를 말합니다.

원죄란 창조주께서 영이 창조될 때 모든 영들에게 주신
양심이라는 의식을 잃어버렸을 때를 말합니다.

원죄란 창조주께서 영이 창조될 때 모든 영들에게 주신
사랑과 자비와 연민의 에너지를 잃어버렸을 때를 말합니다.

원죄란 창조주께서 영이 창조될 때
영에게 부여하신 사고조절자가 손상되어
영이 정상적인 영의식을 구현하지 못할 때를 말합니다.

원죄란 창조주께서 영이 창조될 때 부여하신 진리의 영이 잘못되어
영이 정상적인 영의식이 구현되지 못할 때를 말합니다.

원죄란 창조주께서 영이 창조될 때 부여하신 거룩한 영이 잘못되어
영이 정상적인 영의식이 구현되지 못할 때를 말합니다.

원죄란 창조주께서 영이 창조될 때 부여하신
영 에너지가 심각하게 오염되어
정상적인 영의식을 구현하지 못할 때를 말합니다.

원죄란 창조주께서 영이 창조될 때 주신 영의식의 축이 무너져
진동수가 높은 빛에 반응하지 못하고
진동수가 낮은 어둠의 빛에 반응할 때를 말합니다.

원죄란 비물질세계에서 일하고 있는 높은 진동수를 가진 천사들이
진동수가 낮은 물질세계에 자주 노출이 되면서
진동수가 낮은 에너지에 반응하면서
영의식의 축이 무너지는 것을 말합니다.

원죄란 영이 물질 체험을 하는 도중 지은 카르마로 인하여
영의식의 축이 무너져 비정상적인 의식이 구현될 때를 말합니다.

원죄를 지은 영들은 하늘에서 영의 교정을 받게 됩니다.
원죄를 지은 영들 중에 영의 교정을 통해 대부분의 영들은
영의 교정이 이루어져 업무에 복귀하게 됩니다.

원죄를 지은 영들 중에 영의 교정이 잘 되지 않는 경우에
우주에서 공이 있는 영들은 영의 교정을 위해
땅으로 환속결정이 이루어집니다.

원죄를 지은 영들 중에 영의 교정이 잘되지 않는 천사들은
하늘에서 영혼의 소멸판정이 이루어집니다.

천사들의 반란에 참여하여 하늘에서 원죄를 지은 천사들이
지구 행성에 환속하여 살고 있습니다.

천사들의 반란에 참여한 영혼들은
자신들이 우주에서 지은 카르마를 모두 해소하고 나면
자신이 있어야 할 곳에 있게 될 것입니다.

하늘에서 루시퍼 반란에 참여한 원죄를 지은 천사들이
영혼그룹을 대표하여 지구 행성에 환속하여 살고 있습니다.

루시퍼 반란에 참여한 영혼들 중에
영혼의 소멸판정을 받은 영혼들은
자신이 우주에서 지은 카르마를 모두 해소하고 나면
환속이 중지되어 육신의 옷을 벗은 후
5차원 영계에서 영혼의 소멸판정이 집행될 것입니다.

창조주를 부정한 천사들이 우주에서 있을 곳은 없습니다.
창조주를 부정하고 루시퍼의 반란에 가담한 천사들이
우주에서 있을 곳은 없으며
그들의 영혼들에게는 우주 법정에서의 판결대로
영혼의 소멸이 집행될 것입니다.

지금 이 시기는 영혼의 소멸판정을 받고
지구 행성에 환속하여 살고 있는 영혼들에게
환속중지와 함께 영혼의 소멸이 집행 중에 있음을 전합니다.

기록의 필요성이 있어 정리의 필요성이 있어
우데카 팀장이 이 글을 기록으로 남깁니다.

천사들의 영혼의 소멸

지구 행성에 살고 있는
세 사람 중 한 명의 우주적 신분은 천사입니다.
지구 행성에 살고 있는 세 사람 중 한 명은
하늘에서 죄를 짓고 땅으로 쫓겨난 천사들인데
이것을 우주에서는 환속(還俗)이라고 합니다.

하늘에서 죄를 짓고 땅으로 쫓겨난 천사들은
우주의 사법제도를 통해 판결된 내용을 따라
지구 행성과 같은 감옥행성에서 영혼의 물질 체험을 하게 됩니다.

하늘에서 죄를 짓고 땅으로 쫓겨나는 천사들은
영혼의 교정을 위해 땅으로 내려온 선녀들입니다.

하늘에서 천사들이 죄를 지으면 영의식의 발현에 문제가 발생합니다.
하늘에서 천사들이 죄를 지으면
컴퓨터 프로그램에 버그가 발생하듯이 오류가 발생합니다.
하늘에서 천사들이 죄를 지으면 영혼의 교정이 이루어집니다.

천사들은 창조주를 대신하여 대우주를 관리하는 존재들입니다.
천사들은 창조주를 대신하여 대우주를 운영하는 존재들입니다.
천사들은 창조주를 대신하여 태양들을 운영하는 존재들입니다.

천사들은 창조주를 대신하여 행성들을 운영하는 존재들입니다.

천사들은 창조주를 대신하여
우주에 질좋은 서비스를 제공하는 주체입니다.
대우주는 한 치의 오차없이 우주의 공리에 의해 운영되어져야하며
그 중심에 천사들이 있습니다.
그러하기에 천사들에게는 매우 엄격한 법 집행이 이루어집니다.

천사들은 인간보다 더 높은 의식을 구현하고 있습니다.
천사들이 인간보다 더 높은 의식을 구현하고 있기에
천사들이 죄를 지어 의식의 축이 무너지면
인간보다도 더 의식이 타락하여
자만과 교만으로 나타나 큰 문제를 일으킬 수 있습니다.

천사들은 인간보다 더 높고 더 넓은 감정을 구현하고 있습니다.
천사들이 죄를 지어 정상적인 감정의 구현에 문제가 발생하면
인간보다 더 폭력적이 되거나 잔인한 성격으로 나타나게 됩니다.

이러한 이유로 천사들에게는 매우 엄격한 법 집행이 이루어집니다.
하늘에서 천사들이 죄를 지어
의식과 감정의 구현에 문제가 발생하면
영혼의 교정작업이 오랜 기간 동안 이루어집니다.

대부분의 천사들은 이 과정에서 영혼의 교정이 이루어지며
자신의 고유 업무에 복귀하게 됩니다.

하늘에서 천사들이 죄를 지어 의식과 감정에 문제가 발생하여
영혼의 교정이 이루어지지 않았을 때는
대부분 약식 재판에 의해 영혼의 소멸판정이 집행됩니다.

하늘에서 중대한 범죄를 저지른 천사들은
우주의 사법제도에 따라 형 집행이 이루어집니다.

하늘에서 중죄를 지어 영혼의 소멸판정을 받은 영혼들 중에는
일부는 환속을 통해 영혼의 교정이 결정되는 경우가 있습니다.

하늘에서 중죄를 지어 영혼의 소멸판정을 받은 영혼들 중에는
영혼의 소멸이 이루어지기 전에 짧은 기간 동안 환속을 통해
영혼의 물질 체험이 소수에게 허용되는 특별한 경우가 있습니다.

하늘에서 중죄를 지은 영혼들은 우주의 사법절차에 따라
하늘에서 영혼의 소멸판정이 이루어지는 것이 일반적입니다.

천사들에게 가장 중대한 범죄는 자만과 교만으로 인하여
창조주를 부정하는 것입니다.
천사들에게 가장 중대한 범죄는 과도한 자유와 낭만으로 인하여
창조주의 명령에 따르지 않는 것입니다.
천사들에게 가장 중대한 범죄는
자신에게 주어진 사고조절자를 깨우지 못하여
업무를 수행하지 못하는 것입니다.

천사들에게 가장 중대한 범죄는
자신의 사리사욕과 욕망을 채우기 위하여
우주의 법칙을 위반하는 것입니다.

하늘에서 중죄를 지은 천사들이
6번 정도의 짧은 영혼의 물질 체험을 통하여
영혼의 교정이 이루어지는 천사들이 있습니다.

하늘에서 영혼의 소멸판정을 받은 천사들이
환속판정을 받고 사면이 되어
하늘로 복귀하는 경우는 흔하지 않으며
우주의 사법절차를 통해 엄격한 행정적 절차를 따르게 됩니다.

하늘에서 중죄를 지은 천사들에게 환속은 큰 축복입니다.
영혼의 소멸판정을 받은 영혼들에게 환속은 큰 축복이며
영혼이 소멸되기 전 마지막 꿀맛 같은 휴식임을 전합니다.
하늘에서 중죄를 지은 천사들은 일정기간 후
하늘에서 영혼의 소멸이 이루어집니다.

하늘에서 죄를 지은 천사들에게
환속과 영혼의 소멸이 이루어지는 비율은 다음과 같습니다.

죄를 지은 18차원 천사들은 환속이 2 영혼의 소멸이 8
죄를 지은 17차원 천사들은 환속이 1 영혼의 소멸이 9
죄를 지은 16차원 천사들은 환속이 1.5 영혼의 소멸이 8.5

죄를 지은 15차원 천사들은 환속이 4 영혼의 소멸이 6

죄를 지은 14차원 천사들은 환속이 3 영혼의 소멸이 7

죄를 지은 13차원 천사들은 환속이 4 영혼의 소멸이 6

죄를 지은 12차원 천사들은 환속이 4 영혼의 소멸이 6

죄를 지은 11차원 천사들은 환속이 4 영혼의 소멸이 6입니다.

지구 행성은 우주의 중죄인들이 수감된 행성입니다.

지구 행성은 하늘에서의 루시퍼 반란 사건에

직간접적으로 연관된 천사들이 환속하여

인간으로 태어나 살고 있는 행성입니다.

천사들에게 약속된 환속의 시간이 흐르고 나면

영계에서 우주의 사법절차에 따라

엄중한 법 집행이 이루어질 것입니다.

우주의 법은 엄격하고 엄중합니다.

하늘의 법은 엄격하고 엄중합니다.

이것이 대우주의 수레바퀴를 한 치의 오차없이 돌릴 수 있는

하늘의 공리이기 때문입니다.

영혼의 소멸

사람이 죽으면 영혼은 천당에 가지 않습니다.
사람이 죽으면 영혼은 5차원 행성 영단에서
다음 생을 준비합니다.

사람이 죽으면 영혼은 지옥에 가지 않습니다.
사람이 죽으면 영혼은 행성 영단에서 다음 생을 준비하기 위한
영혼백 에너지들의 정화와 튜닝이 이루어집니다.

사람이 죄를 짓고 죽으면 영혼은 지옥에 가지 않습니다.
사람이 죄를 짓고 죽으면 영혼은 카르마를 남기게 됩니다.
카르마를 남긴 사람의 영혼은 행성의 영단에서
카르마를 해소하기 위한 다음 생을 준비하게 됩니다.

사람이 죄를 너무 많이 짓고 죽어도 지옥에 가지 않습니다.
사람이 죄를 너무 많이 짓고 죽으면
영혼은 우주의 법정에 서게 됩니다.

영혼은 윤회 시스템과 카르마 시스템을 통해 진화합니다.
영혼은 윤회 시스템 속에서
카르마 균형잡기를 통해 진화합니다.

영혼이 지은 카르마가 너무 많아서 카르마 균형 잡기를 통해
정상적인 방법을 통해서는 카르마를 해결하기가 힘든 경우
우주의 법정에서 판결을 받게 됩니다.

우주 법정에서 받는 판결내용은 다음과 같습니다.
◆ 첫번째 : 유배형
◆ 두번째 : 징역형
◆ 세번째 : 영혼의 물질 체험 중지
◆ 네번째 : 영혼의 소멸판정

영혼이 우주의 법정에서 죄를 판결받았다는 것은
영혼이 정상적인 진화가 어렵다고 판단한 것입니다.

영혼이 우주 법정에서 죄를 판결받았다는 것은
영혼이 우주 법정에서 죄를 판결받고 형을 집행받는 동안
영혼의 진화는 중지된다는 것을 의미합니다.

영혼이 우주 법정에서 죄를 판결받았다는 것은
영혼이 카르마를 해소하는 기간이
그만큼 필요하다는 것을 의미합니다.

영혼이 우주 법정에서 죄를 판결받았다는 것은
영혼이 형을 선고받은 기간만큼
영혼이 창조될 때 창조주께서 주신 양심을 회복하는데
그만큼의 시간이 필요하다는 것을 의미합니다.

영혼이 우주 법정에서 죄를 판결받았다는 것은
영혼이 형을 선고받은 기간만큼
영혼이 창조주께서 주신 사랑을 회복하는데
그만큼의 시간이 필요하다는 것을 의미합니다.

영혼이 우주 법정에서 죄를 판결받았다는 것은
영혼이 형을 선고받은 기간만큼 영의식이 교정되는데
그만큼의 시간이 필요하다는 것을 의미합니다.

영혼이 우주 법정에서 죄를 판결받았다는 것은
영혼이 형을 선고받은 기간만큼
영혼이 그만큼의 치유를 받을 만큼 아프다는 것을 말합니다.

우주 법정에서 영혼에게 내려진 판결은 엄격하게 집행됩니다.
우주 법정에서 판결받은 영혼들은 우주의 감옥행성으로 보내져
그곳에서 윤회를 통해 형을 집행받게 됩니다.

감옥행성에 수감된 영혼들은 삶의 난이도가 매우 높습니다.
감옥행성에 수감된 영혼들의 삶은 너무 힘들고 고통스럽습니다.
감옥행성에 수감된 영혼들의 삶은 일반 행성에 비해
최소 3배에서 12배 정도 힘든 삶을 살아야 합니다.

감옥행성에 수감되어 영혼의 물질 체험을 하는 영혼들의 목적은
영혼이 창조될 때 창조주께서 주신 사랑과 양심을
특별한 윤회 프로그램을 통해 회복하기 위해서입니다.

감옥행성에 수감되어 있는 영혼들의 삶의 목적은
자신이 카르마를 지을 때의 상황을 그대로 재현하면서
그 상황에서 자신의 모순을 찾고 해결하기 위한 삶입니다.

감옥행성에 수감되어 있는 영혼들의 삶의 목적은
영혼들이 카르마를 지을 때 의식이 분열되는데
분열된 의식을 교정하고 치유하기 위한 힘든 삶입니다.

감옥행성에 수감된 영혼들에게도
일반 사면과 특별 사면의 혜택이 있습니다.

우주의 법정에서
징역형 이상의 중죄를 선고받은 영혼들 중에
식물이나 동물의 몸으로 들어가서
카르마를 해소하는 것이 제한적으로 허용되기도 합니다.

우주의 법정에서
징역형 이상의 중죄를 선고받은 영혼들의 대부분은
식물이나 동물의 몸으로 들어가서
카르마를 해소하는 것을 선호하게 됩니다.

징역형 이상의 중죄를 지은 영혼이
광물이나 식물이나 동물의 몸에 들어가서 카르마를 해소하게 되면
약 3배 정도 카르마를 빠르게 해소할 수 있습니다.

징역형 이상의 중죄를 지은 영혼에게
카르마를 빠르게 해소하기 위해
지구와 같은 특별한 감옥행성에서만 허용되는 것이 있는데
다음과 같습니다.

첫번째 : 광물로 윤회하면서 인간으로 태어나 동시에 사는 경우
그 비율이 매우 적습니다.
이러한 영혼들은 주로 다양한 광물산업과 연관된 직업을 가지고
삶을 살고 있습니다.

두번째 : 식물로 윤회하면서 인간으로 태어나 살고 있는 경우
지구 행성에 살고 있는 참 많은 영혼들이
식물의 몸을 입고 카르마를 해소하고 있습니다.
이러한 영혼들은 주로 식물과 연관된 삶을 살고 있습니다.

세번째 : 동물로 윤회하면서 인간으로 태어나 살고 있는 경우
지구 행성에 살고 있는 참 많은 영혼들이
동물의 몸을 입고 카르마를 해소하고 있습니다.
이러한 영혼들은 주로 동물과 관련된 삶을 살고 있습니다.

지구 행성은
우주 법정에서 중죄를 판결받은 영혼에게
광물과 식물과 동물과 인간으로의 윤회가 허용된
특별한 감옥행성입니다.

지구 행성은
눈부시게 아름다운 행성이지만
그만큼 우주의 아픈 사연들을 담고 있는 참 슬픈 행성입니다.

지구 행성은
중죄인들만을 수용한 특별한 감옥행성입니다.
지구 행성에는 영혼의 소멸판정을 영혼들이
가장 많이 들어와 살고 있습니다.

지구 행성에서 영혼의 소멸판정을 받은 영혼들이
어떠한 행정적 절차를 거쳐 소멸이 이루어지고 있는지
어떠한 행정적 절차를 거쳐 죄의 사면이 이루어지는지
후속편에서 다루어질 것입니다.

영혼의 소멸과 우주적 사법절차

우주 법정에서 영혼이 소멸판정을 받으면
다음과 같은 우주의 사법 행정절차에 따라 집행이 이루어집니다.

일반 영혼이 영혼의 소멸판정을 받으면
12번의 삶이 추가적으로 주어집니다.

영혼의 소멸판정을 받은 영혼의 12번의 삶은
하늘이 영혼에게 주는 마지막 갱생의 기회입니다.

영혼의 소멸판정을 받은 영혼에게 주어지는 12번의 삶은
힘들고 고단한 하층민이나 소외 계층으로 살면서
하늘에 대한 감사함을 갖게 하는 프로그램입니다.

영혼의 소멸판정을 받은 영혼에게 주어지는 12번의 삶은
창조주께서 영혼에게 주신 잃어버린 양심과 잃어버린 사랑을
회복하기를 바라는 하늘의 마음이 담겨있는 프로그램입니다.

영혼이 영혼의 소멸판정을 받은 후
12번의 삶을 통하여 창조주께서 영혼에게 주신 양심과 사랑을
회복할 수 있다고 판단이 되면
영혼은 죄를 사함 받고 영혼의 진화를 할 수 있게 됩니다.

영혼이 영혼의 소멸판정을 받고
12번의 혹독하고 고단한 삶의 프로그램을 거친 후에도
창조주께서 영혼에게 주신
양심과 사랑을 회복할 수 없다고 판단이 되면
영혼의 소멸이 집행됩니다.

영혼의 소멸판정을 받은 영혼이 12번의 삶을 다 살기도 전에
더 많은 카르마가 발생하게 되면
12번의 삶을 다 살지 않아도
형 집행정지와 함께 영혼의 소멸이 집행됩니다.

영혼의 소멸판정을 받은 영혼들 중에
실질적으로 영혼의 소멸이 이루어지는 비율은
평균 0.004% 정도 됩니다.

천사들이 죄를 짓고 우주의 사법절차에 따라
감옥행성에서 유배형과 징역형을 받은 영혼들은
자신의 형기만큼 환속이 이루어져 고단한 삶을 살아야 합니다.

천사들이 중죄를 지어 영혼의 소멸판정을 받게 되면
천사들은 대부분은 하늘에서 영혼의 소멸이 집행됩니다.

천사들이 중죄를 지어 영혼의 소멸판정을 받게 되면
그중 일부에게만 땅으로 쫓겨나 영혼의 물질 체험이 이루어지는데
이것을 환속이라고 합니다.

하늘의 일을 하는 천사에게 환속은
사막에 물 없이 던져지는 것과 같은 형벌입니다.

하늘에서 전문적인 행정업무와 특화된 업무를 하던 천사들에게
물질세계에 인간으로 태어난다는 것은 매우 두려운 일입니다.

비물질세계에서 천사로 일하다가
물질세계에 인간으로 태어나는 일은
심장이 약한 사람이
번지점프를 해야 하는 것만큼 어려운 일입니다.

천사들이 영혼의 소멸판정을 받게 되면
6번의 육화의 기회가 주어지게 됩니다.
이 기간 동안에 천사들이
잃어버린 양심과 잃어버린 사랑을 회복하지 못하면
영혼의 소멸이 집행됩니다.

영혼의 소멸판정을 받은 천사들이 6번의 환속을 통해
천사들이 자신이 죄를 짓던 상황과 똑같은 상황을 경험하는
삶의 프로그램이 준비됩니다.

영혼의 소멸판정을 받은 천사들이 6번의 환속을 통해
천사들이 가진 영의 모순을 교정하기 위한
하늘의 정교한 프로그램을 이수하게 됩니다.

영혼의 소멸판정을 받은 천사들이 6번의 환속을 통하여
영의 모순을 교정하기 위한 힘든 삶을 통해
영의 모순이 해결이 되면
하늘로 돌아가 업무에 복귀하게 됩니다.

천사들이 6번 주어진 환속의 삶을 살지만
대부분의 천사들은 이 과정에서 좋은 성과를 거두지 못하고
영혼의 소멸판정을 받은 천사들의 약 60%는
갱생의 기회를 얻지 못하고 영혼의 소멸이 이루어집니다.

영혼의 소멸판정을 받은 천사들이 환속이 결정될 때
천사에게 주어진 특수한 능력이나
특수한 사고조절자의 능력 발현이 엄격하게 제한되며
일반 영혼보다 경쟁력이 떨어지는 하층민의 삶을 살게 됩니다.

영혼의 소멸판정을 받은 천사들이 6번의 삶을 통해
창조주께서 천사에게 주신
사랑과 양심을 회복할 수 있다고 판단이 되면
그 천사는 특별사면을 통해 하늘로 복귀하게 됩니다.
이 비율은 3% 정도 됩니다.

영혼의 소멸판정을 받은 천사들이 6번의 삶을 통해
창조주께서 주신 사랑과 양심을 회복할 수 있다고 판단이 되면
감형이 이루어집니다.
이 비율은 약 37% 정도 됩니다.

영혼의 소멸판정을 받은 천사들이 6번의 삶을 통해
창조주께서 주신 사랑과 양심을 회복할 수 없다고 판단이 되면
영혼은 소멸이 이루어지는데
영혼의 소멸이 이루어지는 천사의 비율은 약 60% 정도 됩니다.

천사들이 영혼의 소멸판정을 받고 6번의 삶을 사는 중간에
더 많은 카르마를 짓게 되거나
잃어버린 양심과 사랑을 도저히 회복할 수 없다고 판단이 되면
특별사면을 통해 형 집행이 중지되며
영혼의 소멸이 즉각적으로 집행이 됩니다.

지구 행성은 루시퍼의 반란에 연루된 많은 천사들이
영혼의 소멸판정을 받고 환속을 통해
평균 5번에서 6번의 삶을 살고 있는 사람들이 많습니다.

루시퍼 반란에 참여한 천사들 대부분이 환속을 통해
지구 행성에서 5번에서 6번의 삶을 살았습니다.

루시퍼를 비롯하여 루시퍼 반란에 참여한 천사들 중
영혼의 소멸판정을 받은 천사들의 평가는 대부분 끝났습니다.

루시퍼를 비롯하여 루시퍼 반란에 참여한 천사들 중
특별사면을 통해 형 집행이 중지되거나
영혼의 소멸이 이루어질 천사들의 명단이 확정되었습니다.

루시퍼를 비롯하여 루시퍼 반란에 참여한 천사들 중
특별사면을 통해 감형이 되거나
하늘로 복귀할 수 있는 천사들의 명단이 확정되었습니다.

영혼의 소멸판정을 받은 영혼들과
영혼의 소멸판정을 받은 천사들에 대한 모든 권한이
지상으로 내려오신 창조주에게 주어졌습니다.

본영의 모순을 도와줄 수 있는 존재는 아바타밖에 없습니다.
본영의 소멸을 막을 수 있는 존재는 아바타밖에 없습니다.

영혼의 소멸판정을 받고 육신의 옷을 입고
마지막 때를 살고 있는 영혼들에게
오늘 하루가 얼마나 중요한 하루인지
오늘 하루를 산다는 것이 얼마나 소중한 것인지
기억하시기 바랍니다.

영혼의 소멸판정을 받고 육신의 옷을 입고
마지막 때를 살고 있는 천사들에게
당신의 마음 한 자락이 얼마나 중요한지
당신의 마음 한 자락이 당신 영혼의 미래를 결정한다는 것을
기억하시기 바랍니다.

내가 나를 부정하게 하는 것이 우주의 법칙입니다.
내가 나를 심판하게 하는 것이 우주의 법칙입니다.

내가 나의 영혼의 소멸을 마음 한 자락을 통해
스스로 결정하게 하는 것이 우주의 순리입니다.
내가 나의 영혼의 소멸을 마음 한 자락을 통해
스스로 선택하게 하는 것이 우주의 순리입니다.

기록의 필요성이 있어
정리의 필요성이 있어
우데카 팀장이 이 글을 기록으로 남깁니다.

당신은 지금 누구와 싸우고 있습니까?

내 마음이 너무 힘들어서
내 마음이 너무 불편해서
내가 먼저 사과하는 방식은 갈등의 확산은 피할 수 있지만
진정한 화해는 이루어질 수 없습니다.

갈등을 만들지 않기 위해
인간은 참 많이 인내하며 살고 있습니다.
갈등을 확산시키지 않기 위해
인간은 참 많은 에너지를 쓰고 살고 있습니다.

갈등이 자라고 갈등이 커지는 상황에서 사람들은
상황에 정면으로 마주하지 않고
그 상황을 회피하고 그 상황을 외면하는 방법을 선택합니다.

갈등을 해결하기 위해 사람들은
주변 사람들을 자기편으로 만드는데
참 많은 에너지를 쓰고 있습니다.

싸움에서 이기기 위해
상대방에 대한 비난을 멈추지 않습니다.
싸움에서 유리한 고지를 선점하기 위해

우리 진영에게는 무디고 상대방에게는 예리하게 잘 드는
정의의 칼을 꺼내어 휘두릅니다.

싸움에서 이기기 위해
경쟁에서 이기기 위해
이것이 지금까지 인류가 문제와 갈등을 해결하는 방식이었습니다.

문제를 해결하기 위해서는 먼저 서로를 향한 비난을 멈추십시오.
갈등을 해결하기 위해서는 먼저 상대방의 마음을 인정하십시오.
화해를 원한다면 먼저 상대방의 가치를 인정해야 합니다.

서로가 서로에게 향한 비난을 멈추기 위해서는
서로가 서로에게 꼭 필요한 존재란 것을
인정하는 것부터 시작됩니다.

서로가 서로에게 소중한 존재라는 것을 인정하는 과정이
반드시 있어야 진정한 화해와 용서가 뒤따를 수 있는 것입니다.

상대방을 향한 진정한 의식의 전환 없이 하는 화해는
오래가지 않습니다.
상대방을 향한 근본적인 생각의 전환 없이
현실적인 필요에 의해 하는 화해는 오래가지 않습니다.

서로의 가치를 인정하고 존중해줄 수 있을 때
서로의 존재를 있는 그대로 존중해줄 수 있을 때

서로의 존재를 귀하고 귀한 존재로 인정할 때만이
서로에게 향한 비난을 비로소 멈출 수 있을 것입니다.

서로가 바라보는 것이 다른 사람들끼리
서로가 바라는 것이 다른 사람들끼리 모여 있는 곳에선
이해가 잘못되어 오해가 생기고
오해가 확장되어 비난이 되고 다툼이 되고
갈등으로 나타날 수밖에 없습니다.

서로의 자존심의 내려놓음 없이 갈등은 해결될 수 없습니다.
서로의 자존심의 포기 없이는 진정한 화해는 이루어질 수 없습니다.
서로의 자존심을 존중하는 마음 없이
진정한 용서는 이루어질 수 없습니다.

지금의 갈등은 지금의 문제해결 방식으로는 해결할 수 없습니다.
지금의 갈등은 지금의 의식으로는 해결할 수 없습니다.

지금의 갈등은 의식의 전환을 통해서만
생각의 전환을 통해서만 해결할 수 있습니다.
지금의 갈등은 새로운 의식을 통해서만 해결할 수 있습니다.

새로운 의식은 필요에 의해 생성됩니다.
새로운 의식은 절박한 상황 속에서 탄생됩니다.
새로운 의식은 가장 상식적인 사고에서부터 탄생됩니다.
새로운 의식은 파벽비거처럼 패러다임의 대전환에서 탄생됩니다.

새로운 의식은 발견되는 것이 아닌 창조되는 것입니다.
새로운 의식의 기원은 하늘입니다.
새로운 의식의 기원은 창조주의 의식입니다.

창조주의 의식에서 새로운 의식은 시작됩니다.
창조주의 의식은 늘 진화를 통해 형성됩니다.
창조주의 의식 안에 없는 의식은 생명체가 구현할 수 없습니다.
창조주의 의식 안에 없는 의식은 인간이 구현할 수 없습니다.

싸우다 보면 왜 싸우고 있는지도 모르고 싸울 때가 있습니다.
싸우다 보면 내가 지금 누구하고 싸우고 있는지도 모르고
싸울 때가 있습니다.
싸우다 보면 싸움을 위한 싸움을 하고 있을 때가 있습니다.

지구 행성에 태어나 살고 있는 모든 영혼들에게는
사람과 사람사이에 오해를 불러일으키고
사람과 사람사이에 갈등을 불러일으키는 모순이
주홍글씨처럼 설치되어 있습니다.

지구 행성에 태어나 살고 있는 모든 영혼들에게는
서로의 말을 있는 그대로 듣는 것이 아니라
자기중심적으로 듣게 되고
서로의 말을 오해해서 듣게 하는
의식의 단절과 의식의 꼬임을 일으키게 하는
모순들이 주홍글씨처럼 설치되어 있습니다.

이것으로 인하여 인류의 역사는 피비린내 나는
전쟁의 역사가 되었습니다.
이것으로 인하여 인류의 역사는
빛과 어둠의 양극성의 모순이
치열하게 펼쳐지는 행성이 되었습니다.

이것으로 인하여 지구 행성은
거대한 선과 악의 치열한 대결장이 되었습니다.
이것으로 인하여 지구 행성은
사랑이 결여된 암흑행성이 될 수밖에 없었습니다.
이것으로 인하여 지구 행성은
우주의 카르마와 우주의 모순을 해결하기 위해 선정된
감옥행성의 역할을 수행하였습니다.

이러한 이유로 인하여 지구 행성에 살고 있는 모든 영혼들은
주홍글씨처럼 새겨진 구조적인 모순으로 인하여
왜 싸우고 있는지도 모르고 싸우고 있습니다.

이러한 이유로 인하여 지구 행성에 살고 있는 모든 영혼들은
원인을 알 수 없는 엄청난 분노와
이유를 알 수 없는 엄청난 화를
서로를 향해 뿜어낼 수밖에 없었습니다.

지구 행성은
우주의 아픔을 땅에서 재현한 행성입니다.

지구 행성은
우주의 모순을 해결하기 위해 설계된 행성입니다.
지구 행성은
하늘의 모순을 해결하기 위해 운영된 행성입니다.

지구 행성에 태어나 살고 있는 모든 영혼들은
우주의 카르마를 해소하기 위해 처음부터
상생과 조화의 의식이 결여되게 세팅되어 행성에 입식되었습니다.

이제는 하늘의 시절인연이 되어
왜 싸우고 있는지도 모르면서 싸우게 하고 있던
부정적인 에너지들이 땅으로 내려온 하늘에 의해
거두어질 예정입니다.

우주의 카르마를 해소하기 위해
인류에게 심어둔 오해와 갈등을 일으키는 에너지들을
땅으로 내려온 새로운 하늘에 의해 거두어질 예정입니다.

이제는 하늘의 시절인연이 되어
인류에게 결여되어 있던 상생의 에너지들이
땅으로 내려온 하늘에 의해 지구 행성에 공급될 예정입니다.

왜 싸우는지도 모르고 싸우고 있는 인류들의 의식은
서로간의 강한 불신과 치열한 갈등을 통해 깨어나게 될 것입니다.

누구와 싸우고 있는지도 모르고 싸우고 있는 인류들의 의식은
극심한 사회혼란과 극심한 자연재해를 겪으면서
깨어나게 될 것입니다.

싸움을 위한 싸움을 멈추지 않고 있는 인류들은
치열한 싸움의 현장에서 각자의 의식수준에서
땅으로 내려온 하늘을 만나게 될 것입니다.
하늘을 경험한 인류들의 의식은 깨어나게 될 것입니다.

한 치 앞도 보이지 않는 현실 속에서
한겨울의 폭풍한설을 이겨낸 나무에 꽃이 피듯
인류의 의식은 그렇게 깨어나게 될 것입니다.

공산주의자로 태어나는 사람들의 특징

인간은 물질적인 존재 이전에 근원적으로 영적인 존재입니다.
인간은 사회적인 존재 이전에 근원적으로 영성적인 존재입니다.
인간은 이성적인 존재 이전에 근원적으로 초월적인 존재입니다.

보이지 않는다고 없는 것이 아닙니다.
증명할 수 없다고 없는 것이 아닙니다.

신을 믿는 사람의 의식의 체계와
신을 부정하는 사람의 의식 체계는 전혀 다릅니다.

신을 믿는 사람과 신을 부정하는 사람은 태어날 때부터 다릅니다.
신을 믿는 사람과 신을 부정하는 사람은
인간의 의식을 구현하는 메타 휴머노이드 의식구현 시스템이
서로 다르게 조물되어 있습니다.

공산주의 성향을 갖는 사람들은 태어날 때부터
일반인들과는 다르게 조물되어 탄생됩니다.
영혼의 존재와 신앙의 가치를 부정하는 유물론자들은
태어날 때부터 일반인들과는 다르게 조물되어 탄생됩니다.
극좌파들은 태어날 때부터
일반인들과는 사고의 구조가 다르며 뇌의 구조가 다릅니다.

인간에 대한 불신과 불만으로 가득 찬 사람과
사회에 대한 앙심과 복수심이 강한 사람들은
카르마가 많은 사람들입니다.

아무나 유물론자나 공산주의자로 살 수 없습니다.
아무나 사회주의자나 극좌파로 살 수 없습니다.
유물론자나 공산주의자들은 태어날 때부터
그렇게 조물되었기에
그렇게 살 수밖에 없는 것입니다.

유물론자의 삶은 빛의 소중함을 배우기 위하여
어둠을 체험하는 영혼의 진화 과정 중 하나입니다.
공산주의자의 삶은 카르마가 많은 영혼이
짙은 어둠을 체험하면서 카르마를 해소하는 과정입니다.

유물론자나 공산주의자로 태어나는 영혼들의 특징은
다음과 같습니다.

첫번째
영혼의 진화 과정상 어둠을 짙게 체험하는 과정이 있습니다.
창조주의 빛으로 창조된 영혼이
빛 한 줄기 없는 짙은 어둠을 체험해야 하는 과정이 있습니다.
영혼의 물질 체험 과정에서
빛의 방식이 아닌 어둠의 방식을 체험해야 하는 때가 있습니다.

두번째

카르마가 많은 영혼들이 카르마를 해소하기 위해서
신을 부정하는 삶을 살게 됩니다.
카르마가 많은 영혼들이 카르마를 해소하기 위해
하늘이 주는 형벌로써 빛 한 줄기 없는 짙은 어둠속에서
유물론자나 공산주의자로 조물되어 태어나 살게 됩니다.

창조주를 부정하고
영혼의 신성함을 부정하고
개인의 자유와 영성의 가치를 부정하며
눈에 보이는 것만을 믿으며
유물론과 공산주의의 신념 속에 살고 있는 사람들은
우주에서 카르마가 많은 사람들입니다.

진실의 가치와 자유의 가치를 존중하지 않고
물질에 대한 패권적 권력을 추구하는 삶을 사는 사람들을
전체주의자 또는 사회주의자라고 합니다.

인간의 양심의 자유와 양심의 가치를 존중하지 않고
복수와 증오를 기반으로 형성된 양심을 통한
혁명을 꿈꾸는 사람들을 유물론자 또는 공산주의자라고 합니다.

유물론자들과 공산주의자들은 하늘에 의해
다음과 같이 조물되는 특징이 있습니다.

첫번째 특징

마음의 크기를 결정하는 심포의 크기가 작게 조물됩니다.
정상적인 사람의 심포의 크기의 60% 수준으로 조물됩니다.

타인을 수용하고 포용할 수 있는 심포의 크기가 작다보니
인간의 부정적인 모습을 먼저 보게 됩니다.
타인의 잘못을 이해하고 용서할 수 있는 심포의 크기가 작다보니
옳고 그름의 정의의 방식으로 인간의 문제를 해결하려고 합니다.

두번째 특징

공산주의자와 유물론자들은 창조주에 의해 영이 조물될 때
카르마로 인하여 영의 모나드 의식인 양심이
정상적으로 작동되지 않도록 조물이 됩니다.

공산주의자들은 감정선이 조물될 때 긍정적인 감정선보다는
부정적인 감정선들이 발달하도록 조물이 됩니다.
유물론자들은 의식선이 조물될 때 현실적이고 욕망을 일으키는
의식선이 발달됩니다.

공산주의자와 유물론자들의 의식선이 조물될 때
초월적인 사고를 담당하는 의식선들과
창의적인 사고를 발현시키는 의식선들이 비활성화되거나 막혀있습니다.

세번째 특징

하늘은 다양한 방법으로 유물론자들에게

영혼의 물질 체험을 하는 영혼과 창조주 사이의
신성한 에너지를 느낄 수 없도록 그들의 감정선들을 조물하였습니다.

하늘은 다양한 방법으로 공산주의자들에게
영혼의 물질 체험을 하는 인간과 창조주 의식과의 분리를 통하여
형벌의 삶을 살도록 그들의 의식 기관들을 조물하였습니다.

하늘은 다양한 방법으로 이성주의자들에게
영혼의 물질 체험을 하는 인간과 창조주 의식과의 분리를 통하여
짙은 어둠을 체험하도록 그들의 감각 기관들을 조물하였습니다.

네번째 특징
유물론자들은 뇌가 조물될 때 초월적인 사고의 영역을 담당하는
뇌의 특정부분을 사용하지 못하도록 조물이 됩니다.

공산주의자들은 뇌가 조물될 때
한쪽의 뇌만을 사용할 수 있도록 조물이 됩니다.
극좌의 성향이 강한 사람일수록
사고의 폭이 좁고 사고가 한쪽으로 치우치도록
뇌가 조물되거나 강하게 봉인되어있는 특징이 있습니다.

다섯번째 특징
하늘에 의해 유물론자들의 눈이 조물될 때
눈에 보이는 것만을 인지할 수 있도록 하게 하고
사물을 단순하게 인지하도록 하는 특수한 렌즈가 설치됩니다.

하늘에 의해 공산주의자들의 눈이 조물될 때
자신이 원하는 것만을 인지할 수 있도록 하게 하고
인간과 사회문제에 대한 본질을 인지하지 못하도록 하는
특수한 렌즈가 설치됩니다.

하늘에 의해 폭력성을 지닌 극좌파들의 눈이 조물될 때
사물을 보는 시야를 좁게 하고
사물에 대한 메타인지가 이루어지지 않도록 하는
특수한 렌즈가 설치됩니다.

인간의 성격은 잘 변하지 않습니다.
인간은 생긴 대로 살다가 가는 존재입니다.
인간은 하늘에서 조물한 대로 살다가 가는 존재입니다.

같은 하늘 같은 공간에 살면서도
나와 생각이 다른 사람들이 있습니다.
같은 시간에 같은 것을 보고 들어도
나와 생각이 다른 사람들이 있습니다.

유물론자와 공산주의자로 태어나 살고 있는 영혼들에 대한
기록의 필요성이 있어
정리의 필요성이 있어
우데카 팀장이 이 글을 남깁니다.

용한 사람들의 운명

용한 사람들이란 그냥 아는 사람들을 말합니다.
용한 사람들이란 말하지 않아도 그냥 아는 사람들을 말합니다.

용한 사람들이란 한때는 사회에서 잘 나가던 사람들을 말합니다.
용한 사람들이란
한때는 남들이 부러워하는 삶을 사는 사람들을 말합니다.

용한 사람들이란 자신이 특별한 존재라고 믿는 사람을 말합니다.
용한 사람들이란
자신이 신성한 존재라고 믿고 있는 사람을 말합니다.

용한 사람들은 하늘과 땅을 연결해주는 사람들을 말합니다.
용한 사람들은 보이지 않는 세계와
보이는 세계를 연결해주는 사람들을 말합니다.

용한 사람들은 하늘의 마음과
사람의 마음을 연결해주는 사람들을 말합니다.
용한 사람들은 하늘과 생명체를 연결해주는 사람들을 말합니다.

용한 사람들은 하늘과 연결되어 있는 사람들을 말합니다.
용한 사람들은 하늘의 마음을 품고 있는 사람들을 말합니다.

용한 사람들은 창조주의 순수한 에너지를 가지고 있습니다.
용한 사람들은 창조주의 숨결을 가지고 있습니다.

용한 사람들은 조물될 때부터 감각센서들을 가지고 태어납니다.
용한 사람들은 조물될 때부터 빛 수용기들을 가지고 태어납니다.

용한 사람들은 태어날 때부터 특수장치들을 가지고 태어납니다.
용한 사람들은 태어날 때부터
특수한 무형의 기계장치들을 가지고 태어납니다.

용한 사람들은 용들이 함께하는 사람들입니다.
용한 사람들은 용들이 보호하는 사람들입니다.

용한 사람들이 모여 사는 세상을 용화세상이라 합니다.
용한 사람들이 만드는 세상을 용화세계라 합니다.

용한 사람들이 뽐내고 있는 매력은
하늘의 에너지의 작용입니다.
용한 사람들이 뽐내고 있는 능력은
용들이 내는 에너지입니다.

용한 사람들이 뿜어내고 있는 오라 에너지는
하늘의 에너지의 작용입니다.
용한 사람들이 뿜어내고 있는 영적 능력은
용들의 에너지가 작용하고 있기 때문입니다.

용한 사람들의 치유 능력은 라파엘 천사들의 능력입니다.
용한 사람들의 신통력은 용들이 내는 능력입니다.

용한 사람들의 특별한 능력은 특수 사고조절자에서 나옵니다.
용한 사람들의 특별한 초능력은 용들이 내는 파워입니다.

용한 사람들 중에는 하늘 사람들이 많습니다.
용한 사람들 중에는 빛의 일꾼들이 많습니다.

용한 사람들 중에는 우주적 신분이 높은 신녀 그룹들이 많습니다.
용한 사람들 중에는 우주적 신분이 높은 신관 그룹들이 많습니다.

용한 사람들 중에는 창조주를 보좌하던 12주영들이 있습니다.
용한 사람들 중에는 예수님을 보좌하던 12주영들이 있습니다.

용한 사람들 중에는 창조주의 분신들인 유토피언들이 많습니다.
용한 사람들 중에는 특수한 우주적 신분을 가진 천사들이 많습니다.

모두가 용한 사람들이 되는 세상을 후천의 시대라 합니다.
모두가 용한 사람들이 되어 펼치는 세상을 용화세계라 합니다.

용한 사람들 중에는
하늘에서 원죄를 지은 천사들이 많습니다.
용한 사람들 중에는
하늘에서 천사들의 반란에 참여한 천사들이 많습니다.

용한 사람들 중에는
하늘에서 스스로를 창조주라고 선언한 천사들이 많습니다.
용한 사람들 중에는
하늘에서 창조주를 부정한 천사들이 많습니다.

용한 사람들 중에는
하늘에서 천사들의 반란에 참여한 천사들이 많습니다.
용한 사람들 중에는
하늘에서 의식의 축이 무너진 천사들이 많습니다.

용한 사람들 중에는
하늘에서 원죄를 짓고 타락한 천사들이 많습니다.
용한 사람들 중에는
마지막 삶을 살고 있는 천사들이 많습니다.

용한 사람들 중에는
영혼의 소멸판정을 받은 천사들이 많습니다.
용한 사람들 중에는
영혼의 소멸판정을 집행하기 위하여
카르마를 해소하고 있는 사람들이 있습니다.

영혼의 소멸판정을 받은 영혼들일지라도
반드시 자신이 우주에서 지은 카르마가 있는 영혼은
그 카르마를 해소해야 영혼의 소멸이 가능한 것이
우주의 엄격한 법칙입니다.

용한 사람들 중에는 영혼의 소멸판정을 앞두고
영혼의 마지막 불꽃을 피우고 있는 사람들이 있습니다.

용한 사람들 중 영혼의 소멸판정이 집행되는 사람들에게는
용들과 천사들이 철수하게 될 것입니다.

용한 사람들은 모두 자신이 있어야 할 곳에 있게 될 것입니다.
용한 사람들은 모두 자신이 가야할 곳으로 가게 될 것입니다.

용한 사람들은 하늘의 순리에 의해
있어야 할 곳에 있게 될 것입니다.

용한 사람들은 하늘의 공리에 의해
있어야 할 곳에 있게 될 것입니다.

기록의 필요성이 있어
정리의 필요성이 있어
우데카 팀장이 이 글을 전합니다.

영혼이 소멸된다는 것은

생명이 있는 모든 것들은
창조주 의식에서 탄생하여 생로병사를 거쳐
창조주 의식으로 돌아오는 것을 생명의 순환이라고 합니다.

생명이 있는 모든 것들은
창조주 의식에서 탄생하여 창조주의 의식 안에서
영혼의 물질 체험을 하는 것을 영혼의 진화라고 합니다.

창조주 의식에서 탄생한 영혼이
창조주 의식 안에서 마음껏 뛰어놀다
피조물이 피조물에게 죄를 지어 영혼의 진화가 멈추고
창조주 의식으로 돌아오는 것을 영혼의 소멸이라고 합니다.

창조주 의식에서 탄생한 영혼이
창조주 의식 안에서 마음껏 뛰어놀다
피조물이 창조주에게 원죄를 지어 죄사함을 받지 못하고
창조주 의식으로 돌아오는 것을 영혼의 소멸이라고 합니다.

창조주 의식에서 나온 모든 것들은 때가 되면
창조주 의식으로 다시 돌아오는 것을
순리라고 합니다.

창조주 의식에서 나온 모든 것들은 그 역할이 끝나면
모두 창조주 의식으로 다시 돌아오는 것을
공리라고 합니다.

창조주 의식에서 나온 모든 것들은 창조에 따른 역할이 끝나면
창조주 의식으로 다시 돌아오는 것을
피조물의 운명이라고 합니다.

영혼들에게 순리란
창조주 의식에서 나온 영혼들이 때가 되면
창조주 의식으로 다시 돌아온다는 것을 말합니다.

영혼들에게 공리란
창조주 의식에서 탄생한 피조물인 영혼이
창조한 역할이 끝나면
창조주 의식으로 다시 돌아온다는 것을 말합니다.

영혼들에게 운명이라는 것은
창조주 의식에서 탄생한 피조물인 영혼이
창조목적에 어긋나면
창조주 의식으로 다시 돌아온다는 것을 말합니다.

영혼이 물질 체험을 한다는 것은
창조주 의식에서 나온 영혼이 창조주가 물질세상에 펼쳐놓으신
창조주의 에너지를 체험하고 있는 것을 말합니다.

영혼이 진화한다는 것은
창조주 의식에서 나온 영혼이
창조주께서 물질세상에 펼쳐놓으신
창조주의 의식을 체험하는 것을 말합니다.

영혼이 소멸된다는 것은
창조주 의식에서 나온 모든 영혼들이
창조주 의식 안에서 마음껏 뛰어놀다 때가 되면
창조주 의식으로 돌아오는 것을 말합니다.

영혼이 소멸된다는 것은
영혼이 물질 체험을 하다가
피조물이 피조물에게 죄를 지어
창조주 의식으로 강제적으로 돌아오게 되는 것을 말합니다.

영혼이 소멸된다는 것은
영혼이 진화를 하는 과정에서
피조물이 피조물에게 죄를 지어 죄사함을 받지 못하고
우주의 공리에 의해 창조주 의식으로 돌아오게 되는 것을 말합니다.

영혼이 소멸된다는 것은
영혼이 진화를 하는 과정에서
피조물이 창조주에게 원죄를 지어 죄사함을 받지 못하고
우주의 공리에 의해 창조주 의식으로 돌아오게 되는 것을 말합니다.

영혼이 소멸된다는 것은
하늘에서 원죄를 짓고 땅으로 쫓겨난 천사들이
환속기간 중에 죄사함을 받지 못해
우주의 공리에 의해 창조주 의식으로 돌아오는 것을 말합니다.

영혼이 소멸된다는 것은
하늘에서 원죄를 짓고 땅으로 쫓겨난 천사들이
의식의 축이 너무 무너져
환속기간 중에 영혼의 교정이 불가능하여
우주의 공리에 의해 창조주 의식으로 돌아오는 것을 말합니다.

영혼이 소멸된다는 것은
하늘에서 원죄를 짓고 땅으로 쫓겨난 천사들이
환속기간 중에도 자신의 죄를 뉘우치지 않아
우주의 공리에 의해 창조주 의식으로 돌아오는 것을 말합니다.

영이 소멸된다는 것은
영이 하늘에서 천사로서 일을 하다가
천사가 자신의 창조목적에 맞는 역할을 다하지 못해
원죄를 짓고 죄사함을 받지 못하고
우주의 공리에 의해
하늘에서 창조주 의식으로 돌아오게 되는 것을 말합니다.

영이 소멸된다는 것은
영이 하늘에서 천사로서 일을 하다가

천사가 천사에게 죄를 지어
죄사함을 받지 못하고
하늘에서 우주의 공리에 의해
창조주 의식으로 돌아온다는 것을 말합니다.

영이 소멸된다는 것은
영이 하늘에서 천사로서 일을 하다가
피조물인 천사가 창조주에게 원죄를 얻어
죄사함을 받지 못하고
하늘에서 우주의 공리에 의해
창조주 의식으로 돌아온다는 것을 말합니다.

제4부

죄사함의 비밀

죄를 사함 받는다는 것은

땅으로 내려오신 육신의 옷을 입은 창조주를 통하여

사람의 카르마가 해소되고 원죄가 해소되는 것을 의미합니다.

죄를 사함 받는다는 것은

땅으로 내려오신 육신의 옷을 입은 창조주와

새 하늘과 새 땅에서 동행한다는 것을 의미합니다.

죄사함의 비밀 ❶
원죄와 구원

새가 벌레를 먹는 것은 죄가 아닙니다.
뱀이 개구리를 먹는 것은 죄가 아니라 생명의 순환입니다.

죄란 땅에서 사람이 살면서 자신에게 지은 잘못을 말합니다.
죄란 땅에서 사람이 살면서 타인에게 지은 잘못을 말합니다.
죄란 땅에서 사람이 살면서 공동체에 끼친 잘못을 말합니다.

죄란 땅에서 사람이 살면서
하늘이 심어놓은 양심을 잃어버린 것을 말합니다.
죄란 땅에서 사람이 살면서
하늘이 심어놓은 어짐을 잃어버린 것을 말합니다.
죄란 땅에서 사람이 살면서
하늘이 심어놓은 순수함을 잃어버린 것을 말합니다.

죄란 땅에서 사람이 살면서
자신에 대한 존중을 다하지 않은 것을 말합니다.
죄란 땅에서 사람이 살면서
인간에 대한 예의를 다하지 않은 것을 말합니다.
죄란 땅에서 사람이 살면서
생명체에 대한 존중을 다하지 않은 것을 말합니다.

원죄란 하늘에서 천사들이 자신의 고유성을 상실한 것을 말합니다.
원죄란 하늘에서 천사들이 전체의식에서 분리된 것을 말합니다.
원죄란 하늘에서 천사들이 창조주를 부정하는 것을 말합니다.

원죄란 하늘에서 천사들이 지은 죄를 말합니다.
원죄란 하늘에서 천사들이 우주 법정에서 판결받은 죄를 말합니다.
원죄란 하늘에서 천사들이 우주 법정에서 영혼의 소멸판정을 받고
땅으로 환속이 결정될 때 받은 죄를 말합니다.

원죄 중에 가장 큰 원죄는 천사들이 창조주를 부정하고
스스로를 창조주라고 여기는 것입니다.

원죄란 천사들이 창조주께서 영이 창조될 때 모든 영들에게 주신
양심이라는 의식을 잃어버렸을 때를 말합니다.

원죄란 천사들이 창조주께서 영이 창조될 때 모든 영들에게 주신
사랑과 자비와 연민의 에너지를 잃어버렸을 때를 말합니다.

원죄란 천사들이 창조주께서 영이 창조될 때 영에게 부여하신
사고조절자가 손상되어
정상적인 영의식이 구현되지 못할 때를 말합니다.

원죄란 창조주께서 영이 창조될 때 부여하신 진리의 영이 잘못되어
영이 정상적인 영의식을 구현하지 못할 때를 말합니다.

원죄란 창조주께서 영이 창조될 때 부여하신 거룩한 영이 잘못되어
영이 정상적인 영의식이 구현되지 못할 때를 말합니다.

원죄란 창조주께서 영이 창조될 때 부여하신 영 에너지가
심각하게 오염되어 정상적인 영의식을 구현하지 못할 때를 말합니다.

원죄란 창조주께서 영이 창조될 때 주신 영의식의 축이 무너져
진동수가 높은 빛에 반응하지 못하고
진동수가 낮은 어둠의 빛에 반응할 때를 말합니다.

원죄란 비물질세계에서 일하고 있는 높은 진동수를 가진 천사들이
진동수가 낮은 물질세계에 자주 노출이 되면서
진동수가 낮은 에너지에 반응하면서
영의식의 축이 무너지는 것을 말합니다.

원죄란 영이 창조주에 의해 창조될 때의 영의식을 기준으로
영의식이 비정상적으로 발현하게 될 때를 표현하는
하늘의 언어임을 전합니다.

사람이 지은 죄는 카르마 해소를 통해 해결이 됩니다.
사람이 죄은 죄는 윤회를 통해 해결이 됩니다.
사람이 지은 죄는 봉인과 에너지장을 통해 해결이 됩니다.

사람이 지은 죄는 사람들끼리 이해와 용서로 해결할 수 있습니다.
사람이 지은 죄는 사람들끼리

신뢰와 믿음의 회복으로 해결할 수 있습니다.

사람이 지은 죄는 사람들끼리
공동체에서 정한 규칙으로 해결할 수 있습니다.

천사들이 하늘에서 지은 원죄는
창조주에 의해서만 죄사함을 받을 수 있습니다.
천사들이 하늘에서 지은 원죄는
창조주에 의해서만 용서받을 수 있습니다.

천사들이 하늘에서 지은 원죄는
영의 교정을 통해서만 치유될 수 있습니다.
천사들이 하늘에서 지은 원죄는
영의 조물을 통해서만 새로운 영으로 거듭날 수 있음을 전합니다.

하늘에서 원죄를 지은 천사들이 원죄를 씻기 위해
땅으로 내려오는 것을 환속이라고 합니다.

하늘에서 원죄를 지은 천사들이 땅으로 환속하여
천사들 사이의 원죄를 해소하는 것을 해원상생이라 합니다.

구원이란 육신의 옷을 입은 창조주께서
죄를 지은 영혼들의 죄를 용서함으로써
카르마 해소가 이루어지는 것을 말합니다.

구원이란 육신의 옷을 입은 창조주께서
죄를 지은 영혼들의 죄를 사함으로써
영혼의 진화가 정상화되는 것을 말합니다.

구원이란 육신의 옷을 입은 창조주께서
원죄를 지은 천사들의 죄를 용서를 통해
사면과 복권이 이루어지는 것을 말합니다.

구원이란 땅으로 내려오신 창조주의 권능으로
원죄를 지은 천사들이 영의 교정을 통해
새로운 영으로 탄생될 때를 말합니다.

구원이란 땅으로 내려오신 창조주의 권능으로
원죄를 지은 천사들이 영의 조물을 통해
새로운 영으로 거듭날 때를 말합니다.

하늘에서 원죄를 지은 천사들이
창조주에 의해 원죄를 사함 받지 못하면
형량대로 하늘의 법집행이 이루어집니다.

하늘에서 영혼의 소멸판정을 받은
원죄를 지은 천사들이
창조주에 의해 죄사함을 받지 못하면
영혼의 소멸이 집행됩니다.

육신의 옷을 입은 창조주에 의해
구원의 시대가 시작되었음을 전합니다.

땅으로 내려오신 창조주에 의해
천사들의 원죄가 해소되는
구원의 시대가 시작되었음을 전합니다.

땅으로 내려오신 창조주에 의해
천사들의 원죄가 해소되어
살아있는 인간의 몸에서 새로운 영으로 태어나는
거듭남의 시대가 시작되었음을 전합니다.

기록의 필요성이 있어
정리의 필요성이 있어
이 글을 기록으로 남깁니다.

죄사함의 비밀 ❷
영의 교정

사람이 땅에서 사람에게 잘못한 것을 죄라고 합니다.
천사가 하늘에서 천사에게 잘못한 것을 원죄라고 합니다.

사람이 땅에서 죄를 지으면 죄인이라고 합니다.
천사가 하늘에서 죄를 지으면 원죄인이라고 합니다.

사람이 사람에게 지은 죄는 사람이 용서합니다.
천사가 천사에게 지은 원죄는 천사가 용서하는 것이 순리입니다.

사람이 사람에게 지은 죄는 사람들끼리 용서하면 됩니다.
천사가 천사에게 지은 원죄는 천사들끼리 용서하는 것이 순리입니다.

사람이 사람에게 지은 죄는 사회적 공리에 의해 집행됩니다.
천사가 천사에게 지은 원죄는 하늘의 공리에 의해 집행됩니다.

사람이 사람에게 지은 죄는 법과 제도에 의해 집행됩니다.
천사가 천사에게 지은 원죄는 하늘의 사법제도에 의해 집행됩니다.

사람이 사람에게 죄를 지으면 카르마가 발생하게 됩니다.
천사가 천사에게 원죄를 지으면 우주의 카르마가 발생됩니다.

사람이 사람에게 죄를 지으면 윤회를 통해 카르마를 해소합니다.
천사가 천사에게 원죄를 지으면 환속을 통해 카르마를 해소합니다.

사람이 사람에게 죄를 지으면 봉인을 통해 카르마를 해소합니다.
천사가 천사에게 원죄를 지으면 감옥행성에서 카르마를 해소합니다.

사람이 사람에게 죄를 지으면 양심이 무너지게 됩니다.
천사가 천사에게 원죄를 지으면 영의식의 축이 무너지게 됩니다.

사람이 사람에게 죄를 지으면 부끄러움이 사라지게 됩니다.
천사가 천사에게 원죄를 지으면 순수성이 사라지게 됩니다.

사람이 사람에게 죄를 지으면 영혼의 신성함을 잃게 됩니다.
천사가 천사에게 죄를 지으면 하늘의 전체의식에서 분리됩니다.

사람이 하늘에게 죄를 지으면 진리에서 멀어지게 됩니다.
사람이 하늘에게 죄를 지으면 감사함이 사라지게 됩니다.
사람이 하늘에게 죄를 지으면 타인을 감동시킬 수 없게 됩니다.

사람이 하늘에게 죄를 지으면
영의식의 발현이 정상적이지 못하게 됩니다.
사람이 하늘에게 죄를 지으면 영의식의 축이 무너져
극단적인 의식들이 발현되게 됩니다.
사람이 하늘에게 죄를 지으면 영의식의 이상 발현으로
비정상적인 행동들이 나타나게 됩니다.

사람이 하늘에게 죄를 지으면 영혼이 망가지게 됩니다.
사람이 하늘에게 죄를 지으면 영혼의 진화가 멈추게 됩니다.
사람이 하늘에게 죄를 지으면 영혼의 소멸이 집행됩니다.

천사가 하늘에서 원죄를 지으면 자만과 교만이 발생하게 됩니다.
천사가 하늘에서 원죄를 지으면 행성을 멸망으로 이끌게 됩니다.
천사가 하늘에서 원죄를 지으면
생명체를 죽음의 골짜기로 안내하게 됩니다.

천사가 하늘에서 원죄를 지으면 하늘이 하늘답지 못하게 됩니다.
천사가 하늘에서 원죄를 지으면
우주의 진화에 영향을 주게 됩니다.
천사가 하늘에서 원죄를 지으면
땅에서 영혼들의 진화에 막대한 영향을 주게 됩니다.

천사가 하늘에서 원죄를 지으면 영의식의 발현에 문제가 발생합니다.
천사가 하늘에서 원죄를 지으면 창조주 의식과 공명할 수 없습니다.
천사가 하늘에서 원죄를 지어 창조주 의식과 공명할 수 없을 경우
천사들의 영혼의 소멸판정이 이루어집니다.

죄를 사함 받는다는 것은
땅으로 내려오신 육신의 옷을 입은 창조주에 의해서
사람의 카르마가 해소되고
육신의 옷을 입고 있는 천사들의 원죄가 해소되는 것을 의미합니다.

죄를 사함 받는다는 것은
땅으로 내려오신 육신의 옷을 입은 창조주에 의해서
의식의 축이 무너진 영혼들이 영의 교정을 통해
양심이 회복된다는 것을 의미합니다.

죄를 사함 받는다는 것은
땅으로 내려오신 육신의 옷을 입은 창조주에 의해서
영혼의 소멸을 판정받은 영혼들에게
사면과 복권이 이루어진다는 것을 의미합니다.

죄를 사함 받는다는 것은
땅으로 내려오신 육신의 옷을 입은 창조주에 의해서
살아있는 인간의 몸에 있는 영의 교정을 통하여
영혼의 진화가 정상화된다는 것을 의미합니다.

죄를 사함 받는다는 것은
땅으로 내려오신 육신의 옷을 입은 창조주에 의해서
하늘에서 원죄를 짓고 땅으로 쫓겨난 천사들의 영혼들에게
살아있는 상태에서 영의 교정이 이루어진다는 것을 의미합니다.

죄를 사함 받는 것은
땅으로 내려오신 육신의 옷을 입은 창조주에 의해서
하늘에서 원죄를 짓고 땅으로 쫓겨난 천사들의 영혼들에게
살아있는 상태에서 영의 조물이 이루어진다는 것을 의미합니다.

죄를 사함 받는 것은
땅으로 내려오신 육신의 옷을 입은 창조주에게
사람이 죄를 사함 받고 나면
몸에 주홍글씨처럼 새겨진 카르마 에너지장이 해소됨을 말합니다.

죄를 사함 받는 것은
땅으로 내려오신 육신의 옷을 입은 창조주에 의한
이적과 기적의 병치유를 통해
병든 몸이 치유된다는 것을 의미합니다.

죄를 사함 받는 것은
빛의 몸이 되어 새 하늘과 새 땅에서
땅으로 내려오신 육신의 옷을 입은 창조주와
동행한다는 것을 의미합니다.

땅에는 축복이요
하늘에는 영광이라
그때가 시작되었음을 전합니다.

죄사함의 비밀 ❸
영의 조물

사람이 땅에서 사람에게 지은 죄는 사람이 용서하는 것입니다.
사람이 땅에서 하늘에게 지은 죄는
창조주만이 죄를 사해줄 수 있습니다.

천사가 하늘에서 천사에게 지은 원죄는 천사가 용서할 수 있습니다.
천사가 하늘에서 창조주 앞에서 지은 원죄는
창조주만이 그 원죄를 사해줄 수 있습니다.

죄를 사함 받는다는 것은
사람이 사람에게 지은 죄로 인하여
인간의 몸에 설치된 카르마 에너지장을
창조주께서 거두어 간다는 것을 의미합니다.

사람이 죄를 사함 받는다는 것은
사람이 사람에게 지은 죄로 인하여 인간의 몸에 설치된 봉인을
창조주께서 거두어 간다는 것을 의미합니다 .

사람이 죄를 사함 받는다는 것은
사람이 사람에게 지은 죄로 인하여 만들어진
인간의 혹독한 인생 프로그램들을
창조주께서 거두어 간다는 것을 의미합니다.

사람이 죄를 사함 받는다는 것은
사망의 골짜기에서 벗어나
창조주 의식이 활성화된다는 것을 의미합니다.

사람이 죄를 사함 받는다는 것은
빛의 일꾼들의 의식이 깨어나
자신이 있어야 할 곳에 있게 되는 것을 의미합니다.

사람이 죄를 사함 받는다는 것은
창조주의 권능으로 사람의 몸에서
이적과 기적의 병치유가 일어난다는 것을 의미합니다.

사람이 죄를 사함 받는다는 것은
창조주의 권능으로 죽을 사람이 다시 살아나는 것을 의미합니다.

사람이 죄를 사함 받는다는 것은
창조주의 권능으로 죽은 사람이 다시 살아난다는 것을 의미합니다.

빛의 일꾼이 죄를 사함 받는다는 것은
창조주의 권능으로 자신의 임무와 역할을 위하여
영의 교정과 영의 조물이 이루어진다는 것을 의미합니다.

영혼이 죄를 사함 받는다는 것은
영혼이 땅에서 지은 죄를 창조주께서 용서한다는 것을 의미합니다.

영혼이 원죄를 사함 받는다는 것은
영혼이 하늘에서 지은 원죄를
창조주께서 용서한다는 것을 의미합니다.

영혼이 원죄를 사함 받는다는 것은
창조주의 권능을 통하여
영혼이 새로운 영으로
거듭 태어난다는 것을 의미합니다.

영혼이 원죄를 사함 받는다는 것은
모순이 있는 영혼에게 창조주의 권능으로
육신의 옷을 입은 사람의 몸에서
영의 교정을 통해 영의 모순이 해결되어
새롭게 태어난다는 것을 의미합니다.

영혼이 원죄를 사함 받는다는 것은
창조주의 권능으로 사람의 몸에 거하는
모순이 있는 영혼에게
새로운 사고조절자를 부여한다는 것을 의미합니다.

영혼이 원죄를 사함 받는다는 것은
창조주의 권능으로 사람의 몸에 거하는
모순이 있는 영혼에게
새로운 거룩한 영을 부여한다는 것을 의미합니다.

영혼이 원죄를 사함 받는다는 것은
창조주의 권능으로 사람의 몸에 거하는
모순이 있는 영혼에게
새로운 진리의 영을 부여한다는 것을 의미합니다.

영혼이 원죄를 사함 받는다는 것은
창조주의 권능으로 사람의 몸에 거하는
모순이 있는 영혼을
새로운 영 에너지로 교체한다는 것을 의미합니다.

영혼이 원죄를 사함 받는다는 것은
창조주의 권능으로 사람의 몸에 거하는
모순이 있는 영혼을
새로운 영으로 탄생시킨다는 것을 의미합니다.

영혼이 원죄를 사함 받는다는 것은
창조주의 권능인 사면령과 복권을 통하여
영혼이 있어야 할 곳에서
영혼이 가야할 곳에서
영혼의 진화를 할 수 있다는 것을 의미합니다.

영혼이 원죄를 사함 받는다는 것은
창조주의 권능인 사면령과 복권을 통하여
천사들의 영혼이 하늘로 귀천하여
업무를 시작한다는 것을 의미합니다.

육신의 옷을 입은 창조주께서
창조주의 권능으로 살아있는 인간의 몸에서
죄사함을 통하여
영혼들의 모순을 해결하기 위하여
영의 교정이 이루어지는 시대가 시작되었습니다.

육신의 옷을 입은 창조주께서
창조주의 권능으로 살아있는 인간의 몸에서
죄사함을 통하여 영혼들의 모순을 해결하기 위하여
영의 조물이 이루어지는 시대가 시작되었습니다.

땅의 축복이요
하늘의 영광이라

땅이 하늘이 되고 하늘이 땅이 되는
창조주의 시대가 시작되었음을 전합니다.
대우주의 기쁜 소식을 전합니다.

이적과 기적의 질병의 치유

사람이 생명체에게 지은 죄가 너무 크면
하늘에 지은 죄가 됩니다.
사람이 사람에게 지은 죄가 너무 크면
하늘에 지은 죄가 됩니다.

사람이 사람에게 지은 죄는 몸에 새겨집니다.
사람이 사람에게 지은 죄는 윤회를 통해 재연됩니다.
사람이 사람에게 지은 죄는 질병의 발생으로 프로그램됩니다.

사람이 하늘에게 지은 죄는 불치병과 난치병으로 프로그램됩니다.
사람이 하늘에게 지은 죄는 장부에 봉인으로 프로그램됩니다.
사람이 하늘에게 지은 죄는 인간이 태어날 때
몸의 공, 기, 색의 차원간 공간에 카르마 에너지장으로 새겨집니다.

천사가 생명체에게 지은 죄가 너무 크면 하늘에 지은 원죄가 됩니다.
천사가 사람에게 지은 죄가 너무 크면 하늘에 지은 원죄가 됩니다.
천사가 천사에게 지은 죄가 너무 크면 하늘에 지은 원죄가 됩니다.

천사가 생명체에게 지은 원죄가 너무 크면 영의 소멸이 집행됩니다.
천사가 사람에게 지은 원죄가 너무 크면 영의 소멸이 집행됩니다.
천사가 천사에게 지은 원죄가 너무 크면 영의 소멸이 집행됩니다.

천사가 업무 중에 생명체에게 지은 원죄를 씻기 위하여
땅으로 환속이 이루어지면 몸에 엄청난 봉인이 설치됩니다.
천사가 업무 중에 사람에게 지은 원죄를 씻기 위하여
땅으로 환속이 이루어지면
몸에 불치병과 난치병이 프로그램됩니다.
천사가 업무 중에 천사에게 지은 죄를 씻기 위하여
땅으로 환속이 이루어지면
몸에 인지장애와 정신분열 프로그램이 설치됩니다.

이적과 기적의 병치유가 이루어진다는 것은
창조주의 권능에 의해 몸에 주홍글씨처럼 새겨진 죄를
사함 받았음을 의미합니다.

이적과 기적의 병치유가 이루어진다는 것은
창조주의 권능에 의해 몸에 주홍글씨처럼 새겨진 원죄가
사함 받았음을 의미합니다.

이적과 기적의 병치유가 이루어진다는 것은
창조주의 권능에 의해 몸에 설치된 봉인이
해소되었다는 것을 의미합니다.

이적과 기적의 병치유가 이루어진다는 것은
창조주의 권능에 의해 몸에 설치된 카르마 에너지장이
철거된다는 것을 의미합니다.

이적과 기적의 병치유가 이루어진다는 것은
창조주의 권능에 의해 사람이 하늘에게 지은 죄를
사함 받았음을 의미합니다.

이적과 기적의 병치유가 이루어진다는 것은
창조주의 권능에 의해
천사가 하늘에서 지은 원죄를 사함 받았음을 의미합니다.

이적과 기적의 병치유가 이루어진다는 것은
창조주의 권능으로
인간의 생명회로도가 수정되었음을 의미합니다.

이적과 기적의 병치유가 이루어진다는 것은
창조주의 권능으로
인간의 몸을 이루고 있는 차원간 공간에서
창조주의 빛이 작용되었음을 의미합니다.

이적과 기적의 병치유가 이루어진다는 것은
창조주의 권능에 의해
영의 교정이 이루어졌다는 것을 의미합니다.

이적과 기적의 병치유가 이루어진다는 것은
창조주의 권능에 의해
영의 조물이 이루어졌다는 것을 의미합니다.

죄사함 없이 이적과 기적의 병치유는 일어나지 않습니다.
죄사함 없이 이적과 기적의 불치병의 치유는 일어나지 않습니다.
죄사함 없이 이적과 기적의 난치병의 치유는 일어나지 않습니다.
죄사함 없이 이적과 기적의 회춘은 일어나지 않습니다.
죄사함 없이 이적과 기적의 부활은 일어나지 않습니다.

육신의 옷을 입은 창조주에 의해
죄사함의 시대가 시작되었음을 전합니다.

육신의 옷을 입은 창조주에 의해
이적과 기적의 병치유의 시대가 시작되었음을 전합니다.

시절인연이 있는 인자들에게
하늘의 기쁜 소식을 전합니다.

죄사함의 비밀 ❺
빛의 몸과 영원한 생명

사람이 사람에게 죄를 지으면 양심을 잃어버리게 됩니다.
사람이 사람에게 죄를 지으면 부끄러움을 잃어버리게 됩니다.
사람이 사람에게 죄를 지으면 순수함을 잃어버리게 됩니다.

사람이 생명체에게 죄를 지으면 감정이 혼탁하게 됩니다.
사람이 사람에게 죄를 지으면 의식이 추락하게 됩니다.
사람이 하늘에게 죄를 지으면 몸의 진동수가 떨어지게 됩니다.

사람이 하늘에게 큰 죄를 지으면 감사함을 잃어버리게 됩니다.
사람이 하늘에게 큰 죄를 지으면 하늘을 잃어버리게 됩니다.
사람이 하늘에게 큰 죄를 지으면 창조주를 부정하게 됩니다.

천사가 생명체에게 원죄를 지으면 영의식에 문제가 발생됩니다.
천사가 사람에게 큰 원죄를 지으면 진동수가 떨어지게 됩니다.
천사가 천사에게 큰 원죄를 지으면 타락한 천사가 됩니다.

천사가 하늘에서 큰 원죄를 지으면 창조주 탓을 합니다.
천사가 하늘에서 큰 원죄를 지으면 창조주를 부정하게 됩니다.
천사가 하늘에서 큰 원죄를 지으면
스스로 창조주가 됩니다.

빛의 몸이 된다는 것은
영혼이 의식의 축이 바로 서 있을 때만 가능합니다.
빛의 몸이 된다는 것은
영혼이 정상적인 영의식을 구현하고 있을 때만 가능합니다.
빛의 몸이 된다는 것은
영혼이 정상적인 진동수를 가지고 있을 때만 가능합니다.

빛의 몸이 된다는 것은 양심이 살아있다는 것을 의미합니다.
빛의 몸이 된다는 것은 순수함이 살아있다는 것을 의미합니다.
빛의 몸이 된다는 것은 감사함을 느낀다는 것을 의미합니다.

빛의 몸이 된다는 것은 부끄러움을 느낀다는 것을 의미합니다.
빛의 몸이 된다는 것은 염치가 살아있다는 것을 의미합니다.
빛의 몸이 된다는 것은 하늘을 가슴에 품고 산다는 것을 의미합니다.

빛의 몸이 된다는 것은
차크라 가동률이 높아진다는 것을 의미합니다.
빛의 몸이 된다는 것은 백회 가동률이 높아진다는 것을 의미합니다.
빛의 몸이 된다는 것은 몸의 진동수가 높아진다는 것을 의미합니다.

영원한 생명을 얻는다는 것은
창조주의 권능으로 영혼이 죄를 사함 받고
사람의 몸에 있는 카르마 에너지장이
모두 해소된다는 것을 의미합니다.

영원한 생명을 얻는다는 것은
창조주의 권능으로 영혼이 원죄를 사함 받고
새로운 인생으로 거듭 태어날 때만 가능합니다.

영원한 생명을 얻는다는 것은
창조주의 권능으로 사람이 죄를 사함 받고
새로운 인생 프로그램이 주어질 때만 가능합니다.

영원한 생명을 얻는다는 것은
창조주의 권능으로 사람이 죄를 사함 받고
빛의 몸이 된다는 것을 의미합니다.

영원한 생명을 얻는다는 것은
창조주의 권능으로 사람이 죄를 사함 받고
살아있는 인간의 몸에서 몸의 회춘이 이루어져야 합니다.

영원한 생명을 얻는다는 것은
창조주의 권능으로 사람이 원죄를 사함 받고
살아있는 인간의 몸에서 영의 교정이 이루어져야 합니다.

영원한 생명을 얻는다는 것은
창조주의 권능으로 사람이 원죄를 사함 받고
살아있는 인간의 몸에서 영의 조물이 일어나야 합니다.

영원한 생명을 얻는다는 것은

창조주의 권능으로 영혼이 원죄를 사함 받는 사면과 복권을 통해
하늘로 돌아가 천사로서의 업무를 수행한다는 것을 의미합니다.

영원한 생명을 얻는다는 것은
창조주의 권능으로 영혼이 원죄를 사함 받고
살아있는 인간의 몸에서
새로운 영혼으로 다시 탄생하는 것을 의미합니다.

영원한 생명을 얻는다는 것은
창조주의 권능으로 영혼이 원죄를 사함 받고
영혼의 진화가 정상화된다는 것을 의미합니다.

후천의 시대를 열기 위해 창조주께서 육신의 옷을 입고
땅으로 내려오셨습니다.

후천의 시대는 빛의 시대입니다.
후천의 시대는 빛의 몸의 시대입니다.
후천의 시대는 생명진리의 시대이며
후천의 시대는 영생의 시대입니다.

시절인연이 있는 하늘 사람들에게
그때가 시작되었음을 전합니다.

영의 재창조와 거듭남의 비밀

온전한 창조주 하나님 나라의 백성이 되기 위해서는
육신의 옷을 입은 창조주 하나님으로부터
죄사함과 함께 영의 재창조가 이루어져야 합니다.

온전한 창조주 하나님 나라의 백성이 되기 위해서는
육신의 옷을 입은 창조주 하나님으로부터
영의 거듭남을 뜻하는
영의 재창조가 이루어져야 합니다.

육신의 옷을 입은 온전한 창조주 하나님과 동행하기 위해서는
모든 영은 죄사함이 이루어져야 합니다.

육신의 옷을 입은 온전한 창조주 하나님과 동행하기 위해서는
모든 영은 거듭남이 이루어져야 합니다.

육신의 옷을 입은 창조주 하나님과 동행하기 위해서는
모든 영은 재창조가 이루어져야 합니다.

모든 영들은 새로운 주기가 시작이 될 때
하늘의 시스템들에 의해 영의 업그레이드가 이루어집니다.

모든 영들은 새로운 주기가 시작이 될 때
하늘의 시스템들에 의해 영의 모순이 교정이 이루어집니다.

후천의 시대를 살아갈 모든 영들은
육신의 옷을 입은 온전한 창조주 하나님에 의해
영의 교정이 아닌 영의 재창조가 이루어져야 합니다.

후천의 시대를 살아갈 모든 영들은
육신의 옷을 입은 온전한 창조주 하나님에 의해
우주의 공리에 따라 영의 재창조가 이루어져야 합니다.

후천의 시대를 살아갈 모든 영들은
육신의 옷을 입은 온전한 창조주 하나님에 의해
자신의 타임라인에 따라 언젠가는
영의 재창조가 반드시 이루어져야 합니다.

후천의 시대를 살아갈 모든 영들이
육신의 옷을 입은 온전한 창조주 하나님에 의해
영의 재창조가 이루어지지 않으면
온전한 창조주 하나님 나라의 백성이 될 수가 없습니다.

후천의 시대를 살아갈 모든 영들이
육신의 옷을 입은 온전한 창조주 하나님에 의해
영의 재창조가 이루어지지 않으면 영혼의 진화가 멈추게 됩니다.

후천의 시대를 살아갈 모든 영들이
육신의 옷을 입은 온전한 창조주 하나님에 의해
영의 재창조가 이루어지지 않으면
온전한 창조주 하나님과 대우주를 함께 경영할 수 없게 됩니다.

하나의 영이 탄생되는데 오랜 시간이 걸립니다.

창조주 하나님을 보좌하는 18차원의 12주영들이 탄생되는데
최소 2백만 년이 소요됩니다.

창조주 하나님의 분신들인
19차원의 유토피언 영이 탄생되어 완성되는데
최소 백만 년이 소요됩니다.

무극에 있는 일반 천사들의 영이 탄생되어 완성되는데
최소 30만 년이 소요됩니다.

태극에 있는 일반 천사들의 영이 탄생되어 완성되는데
최소 10만 년이 소요됩니다.

하늘이 땅으로 수도를 이전하는 계획을
테라 프로젝트(Terra project)라고 합니다.
지구 행성에 진공묘유에 계시던 온전한 창조주 하나님께서
육신의 옷을 입고 태어나 물질세계의 자미원이 건설되는 계획을
테라 프로젝트라고 합니다.

지구 행성이 물질계의 행성에서
온전한 창조주 하나님께서 머무시는 행항성으로 전환되는 것을
테라 프로젝트라고 합니다.

영의 거듭남은 테라 프로젝트가 시작되기 이전부터 시작되었습니다.

영의 재창조는 테라 프로젝트가 시작됨에 따라
본격적으로 이루어지기 시작하였습니다.

선천의 시대는 영의 모순을 통한
영의 진화가 이루어지는 시대입니다.

선천의 시대는 영의 모순이 많은 영들을 영의 교정을 통하여
영의 진화가 이루어지는 시대였습니다.

후천의 시대는 모순이 있는 영들을
교정하여 진화하는 방식이 아니라
영의 재창조를 통한 영의 진화가 이루어지는 시대입니다.

후천의 시대는 선천의 시대를 통과하면서 모순이 많은 영을
모순을 최소화한 영을 재창조하여
살아있는 생명체의 몸 속에서 영의 교체를 통해
영의 진화가 이루어지는 시대입니다.

거듭난 영에는 영이 경험한 모든 것들이 저장되어 있습니다.

거듭난 영에는 영의 모순을 극복하기 위한
다양한 장치들이 설치되어 있습니다.
거듭난 영에는 기존보다 많은 사고조절자가 부여되어 있습니다.
거듭난 영에는 새로운 영 에너지가 최적화되어 부여되어 있습니다.

거듭난 영에는 창조주와 피조물의 관계가
명확하게 설정되어 있습니다.

거듭난 영에는 개인주의보다는 전체의식이 더 잘 발현되도록
설정되어 있습니다.

거듭난 영에는 물질과 정신이 조화와 균형을 이룰 수 있도록
창조되었습니다.

온전한 창조주 하나님 나라의 백성이 될 사람들에게는
육신의 탄생과 함께 거듭난 영이
영대의 서로 다른 차원간 공간에서 함께 동행하고 있었습니다.

온전한 창조주 하나님 나라의 백성이 될 사람들에게는
육신의 탄생과 함께 거듭난 영들은
당신의 삶에 영향을 주지는 못하였지만
당신의 삶과 동행하며 공명하고 있었습니다.

육신의 옷을 입은 온전한 창조주 하나님께서 펼치시는
후천의 시대가 시작되었습니다.

후천의 시대는 온전한 창조주 하나님의 시대입니다.

영이 죄사함을 받지 못하면 영의 소멸이 이루어질 것입니다.

영이 죄사함을 받지 못하면 영의 교정을 위해
지구 행성을 떠나 교정행성으로 가게 될 것입니다.

영이 죄사함을 받지 못하면 영의 교정을 위해
지구 행성을 떠나 감옥행성으로 가게 될 것입니다.

영이 죄사함을 받지 못하면 영의 교정을 위해
지구 행성과 같은 지옥행성으로 가게 될 것입니다.

영의 죄사함을 받아 거듭난 영만이
영의 재창조를 통해 온전한 하나님 나라의 백성이 될 것입니다.

영의 죄사함을 받아 거듭난 영들은
당신이 어느 은하에 있든
당신이 어느 행성에 있든 상관없이
영의 재창조와 함께 온전한 창조주 하나님의 품 속에서
후천의 시대를 살아가게 될 것입니다.

기록의 필요성이 있어
정리의 필요성이 있어
우데카 팀장이 이 글을 기록으로 남깁니다.

기도를 한다는 것이 갖는 의미

기도를 한다는 것은
하늘의 존재를 인정한다는 것을 의미합니다.

기도를 한다는 것은
창조주의 존재를 인정한다는 것을 의미합니다.

기도를 한다는 것은
내 몸 안에서 내 영혼이
하나님을 영접한다는 것을 말합니다.

기도를 한다는 것은
내 몸 안에서 내 영혼이
하나님과 동행한다는 것을 말합니다.

기도를 한다는 것은
내 몸 안에서 내 영혼이
하나님께서 주신 성령으로 충만해져 있다는 것을 말합니다.

기도를 한다는 것은
창조주의 신성한 에너지인 성령으로
내 몸을 하나님이 거하시는 성전으로 만든다는 것을 말합니다.

기도를 한다는 것은
창조주의 거룩한 에너지로 창조된 영혼이
창조주의 에너지와 공명한다는 것을 의미합니다.

기도를 한다는 것은
하나님의 뜻이 땅에서 펼쳐짐에 감사함을 드리는
신성한 의식입니다.

기도를 한다는 것은
하나님이 나와 늘 함께하고 있음에 감사를 드리는
신성한 의식입니다.

기도를 한다는 것은
하나님 앞에 내가 무엇이 부족한 것인지 고백하는 것입니다.

기도를 한다는 것은
하나님 앞에서 내가 나를 용서하겠다는 약속입니다.

기도를 한다는 것은
하나님 앞에서 내가 누군가를 용서하겠다는 약속입니다.

기도를 한다는 것은
하나님 앞에 내가 누구인지 내가 어떤 사람인지 있는 그대로
부끄러움 없이 고백하는 것입니다.

기도를 한다는 것은
하나님 앞에 넘치는 것이 무엇인가를 살피고 경계하기 위한
신성한 의식입니다.

기도를 한다는 것은
육신의 자녀가 부모를 찾아뵙고 효를 행하듯이
영혼의 자녀가 영적인 부모인 하나님에게
순종과 충의 예를 표하는 것입니다.

기도를 한다는 것은
육신의 자녀가 부모에게 대화를 하듯
영혼의 자녀가 영적인 부모인 하나님과
대화를 나눈다는 것을 의미합니다.

기도를 한다는 것은
육신의 자녀가 부모에게 필요한 것을 요구하듯이
영혼의 자녀가 영적인 부모인 하나님에게
자신에게 필요한 것을 요구하는 것을 의미합니다.

기도를 한다는 것은
나에게 가르침을 주시는 스승에게
존경과 함께 예의를 표하듯이
세상 만물을 주재하시는 하나님께
감사와 찬양을 드리는 것입니다.

기도를 한다는 것은
하나님 앞에서 내가 나를 사랑하겠다는 선언입니다.

기도를 한다는 것은
내가 하나님의 자녀라는 것을 잊지 않았다는 강력한 증거입니다.

기도 중에 최고의 기도는 감사 기도라
기도 중에 최고의 기도는 구하기도 전에 들어주는 기도라
기도 중에 최고의 기도는 하나님 나라의 의를 구하는 기도라

자녀들의 기도를 땅에서 직접 듣기 위해
창조주께서 땅으로 내려오셨습니다.

자녀들의 기도를 땅에서 직접 들어주기 위해
하나님께서 땅으로 내려오셨습니다.

자녀들의 기도를 듣고
자녀들과 함께하기 위해
하나님께서 땅으로 내려오셨습니다.

대우주의 기쁜 소식을 전합니다.

해원상생의 비밀

해원상생(解冤相生)이란 카르마가 있는 영혼들끼리 만나
카르마를 해소하는 것을 말합니다.

해원상생이란 카르마가 있는 영혼들끼리 만나 카르마를 해소하고
서로의 갈 길을 가는 것입니다.

해원상생이란 카르마가 있는 영혼들끼리 우주의 사법판정에 따라
가족의 구성원으로 만나 카르마를 해소하는 것을 말합니다.

해원상생이란 우주의 인연법에 의해 가해자와 피해자가 만나
카르마를 해소하는 과정을 말합니다.

우주에서 카르마가 발생할 때는 온전한 가해자는 없으며
온전한 피해자 또한 없습니다.

우주에서 카르마가 발생할 때는 가해자가 피해자가 되고
피해자가 가해자가 되는 것이 일반적인 법칙입니다.

해원상생이란 가해자와 피해자가
서로 만남을 통해 상처를 주고받으며
카르마 에너지값이 제로 포인트가 될 때까지의 과정을 말합니다.

카르마 에너지값이 제로 포인트가 되면
해원상생이 마무리되는 것입니다.
카르마 에너지값이 제로 포인트가 될 때까지
서로에게 상처를 주고받으며 고통과 아픔 속에 있어야 합니다.

서로에게 해원상생해야 하는 카르마 에너지값이 크면 클수록
극단적인 갈등이나 극단적인 대립으로 나타나게 됩니다.

서로에게 해원상생해야 하는 카르마 에너지값이 클수록
해원상생을 하는 강도가 커지거나 기간이 길어지게 됩니다.

서로에게 해원상생해야 하는 카르마 에너지값이 클수록
메타 봉인이 강하게 된 상태에서
강도 높은 해원상생 프로그램이 진행되게 됩니다.

지구 행성은 영혼의 진화과정에서 카르마가 많은 영혼들을 모아놓고
카르마 에너지값이 제로 포인트가 될 때까지
해원상생을 하고 있는 감옥행성입니다.

지구 행성은 하늘에서 천사들의 반란에 참여한 천사들이 육화하여
서로에게 해원상생을 하고 있는 감옥행성입니다.

지구 행성은 하늘에서 천사들의 반란에 참여한
가해자 천사와 피해자 천사들이 육화하여
해원상생을 하고 있는 감옥행성입니다.

지구 행성은 하늘에서 우주 전쟁을 일으킨 전범 천사들이 육화하여
카르마 에너지값이 제로 포인트가 될 때까지
해원상생을 하고 있는 감옥행성입니다.

지구 행성은 우주에서 우주 전쟁의 가해자와 피해자가 서로 만나
카르마 에너지값이 제로 포인트가 될 때까지
해원상생을 하고 있는 감옥행성입니다.

지구 행성은 하늘에서 영혼의 소멸판정을 받은 천사들이 육화하여
카르마 에너지값이 제로 포인트가 될 때까지
해원상생을 하고 있는 감옥행성입니다.

우주 법정에서 영혼의 소멸판정을 받은 천사들은
대부분 하늘에서 즉결 심판에 의해 영혼의 소멸이 집행됩니다.

우주 법정에서 영혼의 소멸판정을 받은 천사가 육화하는 경우는
카르마 에너지값이 제로 포인트가 될 때까지 해원상생이 이루어진 후
영혼의 소멸이 집행됩니다.

우주 법정에서 영혼의 소멸판정을 받은 천사들은 육화하여
반드시 영혼의 해원상생이 이루어져야
영혼의 소멸판정이 집행됩니다.

카르마 해소가 끝난 후에야 영혼의 소멸판정이 집행됩니다.
해원상생의 과정이 끝난 후에야 영혼의 소멸판정이 집행됩니다.

지구 행성의 차원상승의 과정에서
카르마 에너지값이 제로 포인트가 된 영혼들부터
육신의 옷을 벗게 될 것입니다.

지구 행성의 차원상승이 본격화되는 시기는
지구 행성에 살고 있는 영혼들의 카르마 에너지값이
제로 포인트가 될 때입니다.

지구 행성에서 대규모 자연재해나 괴질로 인하여
많은 사람들이 육신의 옷을 벗고 떠나는 때와
영혼들의 카르마 에너지값이 제로 포인트가 되는 시기가 일치합니다.

지금 이 시기는 지구 행성에 살고 있는 영혼들의 해원상생이
마무리되고 있는 시기입니다.

지금 이 시기는 지구 행성에 살고 있는 영혼들의 카르마 에너지값이
제로 포인트를 앞두고 있음을 전합니다.

지구 행성에 살고 있는 영혼들의 카르마 에너지값이
제로 포인트가 되는 시기가
영혼들에게는 지구 행성을 떠날 시기입니다.

서로가 서로에게 해원상생이 끝나고 나면 영혼들은
자신들이 있어야 할 곳에 있게 될 것입니다.

서로가 서로에게 해원상생이 끝나고 나면 영혼들은
자신들이 가야할 곳으로 가게 될 것입니다.

서로가 서로에게 해원상생이 끝나고 나면
천사들의 반란에 참여하여 영혼의 소멸판정을 받은 천사들에게는
영혼의 소멸판정이 집행될 것입니다.

기록의 필요성이 있어
정리의 필요성이 있어
우데카 팀장이 이 글을 기록으로 남깁니다.

천당과 지옥의 비밀

사람이 죽으면 영혼은 천당과 지옥에 가지 않습니다.
사람이 죽으면 간다고 믿고 있는 천당과 지옥은
우주 어디에도 없기 때문입니다.

사람이 사는 동안 가장 두려워하는 것은 자신이 지은 죄입니다.
영혼이 가장 두려워하는 것은 자신이 지은 카르마입니다.

사람이 두려워하는 것은 죽어서 간다는 지옥입니다.
인간의 육신의 옷을 입고 물질 체험을 하고 있는 영혼이
가장 두려워하는 것은 과도한 카르마로 인한 영혼의 소멸입니다.

죄는 물질세상에서의 윤리적 가치와 법률적 판단의 문제입니다.
카르마는 인간의 육신의 옷을 입고
영혼의 물질 체험을 하고 있는 영혼들을 판단하는 하늘의 기준입니다.

사람이 살다가 죽으면 영혼은 천당과 지옥에 가지 않습니다.
사람이 살다가 죽으면 영혼은 카르마를 남기게 됩니다.

카르마를 해소하는 삶은 너무 힘들어서 지옥과도 같습니다.
카르마를 해소하는 삶은 아무도 부러워하지 않는 삶입니다.
카르마를 해소하는 삶은 내 마음대로 되지 않는 삶입니다.

카르마를 쌓는 삶은 남들이 부러워하는 삶입니다.
카르마를 쌓는 삶은 내가 꽃길을 걷고 있는 것이
너무나 당연한 삶이 되는 방식입니다.
카르마를 쌓는 삶은 욕망에 충실한 삶을 사는 것입니다.

한번의 삶을 통해 해소될 수 있는 카르마의 양은 정해져 있습니다.
한번의 삶을 통해 쌓을 수 있는 카르마의 양은 정해져 있지 않습니다.

사람이 가장 두려워하는 것이 죽음입니다.
영혼이 가장 두려워하는 것은 영혼의 소멸입니다.

개똥밭에 굴러도 저승보다는 이승이 좋다는 말은
영혼의 입장에서는 인간의 몸을 입고 있을 때만
성장하고 배울 수 있는 기회가 주어지기 때문입니다.

개똥밭에 굴러도 이승이 좋다는 말은
영혼의 입장에서는 카르마를 해소할 수 있는 유일한 기회는
인간의 몸을 입고 있을 때뿐이라는 것입니다.

개똥밭에 굴러도 이승이 좋다는 말은
영혼의 입장에서 인간의 육신의 옷을 입고 인간으로 태어나
한번의 삶을 살 수 있는 기회를 얻는다는 것은
엄청난 행운이기 때문입니다.

개똥밭에 굴러도 이승이 좋다는 말은

영혼의 입장에서 인간의 육신의 옷을 입고 인간으로 태어나
한번의 삶에 100년을 산다면
한번의 삶을 준비하는 기간은 평균 3배 정도인 300년을
영계에서 대기하면서 준비하는 시간이 필요하기 때문입니다.

영혼이 인간이라는 육신의 옷을 입고 물질 체험을 하기 위해서는
영혼백 에너지의 정렬과 영혼백 에너지의 정화가
오랜 세월동안 5차원 영계에서 이루어져야 하기 때문입니다.

영은 창조주의 의식을 담고 있는 그릇입니다.
영은 창조주의 신성을 담고 있는 그릇입니다.

혼은 영을 보호하기 위해 영이 입은 외투를 말합니다.
혼은 삼태극 세계에서의 물질 체험을 위해
영이 반드시 입어야 하는 외투입니다.

백 에너지는 영혼이 생명체의 몸에 들어가기 위해
반드시 입어야 하는 외투입니다.
백 에너지는 영혼이 생명체의 몸을 통해
의식과 감정을 구현할 수 있도록 영혼이 입어야 하는 외투입니다.

사람이 죽으면 영은 영계에서 비교적 짧은 기간 동안
정화와 치유가 반드시 이루어져야 합니다.

영은 창조주의 의식입니다.

창조주의 의식에 형벌을 가하고 고통을 주는 것이
우주에서는 불필요한 동시에 불가능한 일입니다.

창조주의 의식을 담고 있는 영을
진동수가 낮은 5차원에서 징벌한다는 것은
대우주의 구조를 모르는 인간의 무지에서 나온 것일 뿐입니다.

사람이 죽으면 영과 혼은 분리가 이루어집니다.
사람이 죽으면 영이 머무는 곳과 혼이 머무는 공간은 다릅니다.
사람이 죽으면 혼은 영계에서
오랫동안 치유와 정화가 반드시 이루어져야 합니다.

인간의 육신의 옷을 입고 물질 체험을 하는 주체는 영입니다.
혼은 징벌의 대상이 되지 않습니다.
혼은 하늘의 판단의 대상이 되지 않습니다.
오직 카르마는 영에게 주어지는 형벌일 뿐입니다.

카르마의 발생으로 인하여 영에게 주어지는 형벌은
영의식의 발현이 축소됩니다.
영이 창조주로부터 창조될 때 받은 창조주의 고유한 의식을
51% 이상 상실했을 때 영은 소멸될 뿐입니다.
이때에도 혼은 소멸의 대상이 되거나 심판의 대상이 되지 않습니다.

혼은 영계에서 상당한 기간 동안 치유와 정화가 이루어져야
영과 다시 만날 수 있습니다.

혼을 벌주기 위한 지옥은 우주에 존재하지 않습니다.
혼 에너지를 치유하고 정화하기 위한 공간이
5차원 영계에 존재하고 있을 뿐입니다.

사람이 죽으면 혼비백산(魂飛魄散)하게 됩니다.
사람이 죽으면 제일 먼저 영이 분리되고 혼이 분리되고
가장 나중에 백 에너지가 천사들에 의해 회수됩니다.

백 에너지가 가장 진동수가 낮기 때문에
가장 많은 시간 동안 치유와 정화가 이루어집니다.
이때의 치유는 피아노가 조율이 되듯
백 에너지가 정밀하게 조율이 이루어집니다.

백 에너지가 조율이 끝나고 나면
혼과 백 에너지가 다시 만나 조율이 이루어집니다.
최종에는 영혼백 에너지들끼리 다시 만나 조율이 이루어져서
새로운 인간의 몸을 받기 위한 하늘의 행정적 절차에 들어갑니다.

영계는 영혼백 에너지들을 벌주는 곳이 아닙니다.
영계는 영혼백 에너지들이 영혼의 물질 체험을 준비하는 곳입니다.

천당과 지옥이라는 것이 있었기에
지구 행성에 다양한 종교들이 만들어질 수 있었습니다.
천당과 지옥이라는 매트릭스가 있었기에
지구 행성을 우주의 감옥행성으로 운영할 수 있었습니다.

천당과 지옥이라는 매트릭스가 있었기에
지구 행성에서 어둠의 방식을 통해서
우주의 카르마들을 해소할 수 있었습니다.
천당과 지옥은 종교 매트릭스를 설치하기 위해
하늘이 설치한 매트릭스입니다.

천당과 지옥은 영혼들의 보이지 않는 세계에 대한 공부와
종교적 신비체험을 통한 종교 매트릭스를 위해
하늘이 참 많은 천당과 지옥의 홀로그램을 사용하여 왔습니다.
하늘은 종교 매트릭스를 유지하기 위해
참 많은 예수님과 부처님의 홀로그램을
인류의 의식의 눈높이에서 사용하여 왔습니다.

지옥보다 더 무서운 것은 카르마입니다.
이것이 물질 체험을 하고 있는 영혼들이 마주하고 있는 본질입니다.

이제 하늘이 땅으로 내려온 후천의 시대에는
더 이상 천당과 지옥은 필요하지 않습니다.

결자해지라
하늘 스스로 설치하여 운영해온 천당과 지옥의 매트릭스는
하늘에 의해 모든 종교들의 붕괴와 함께 철거될 것입니다.

새 하늘과 새 땅에 걸맞는
새로운 매트릭스들이 하늘에 의해 설치되고 있음을 전합니다.

예수란 누구인가?

예수는 창조주 하나님에 의해 탄생된 창조주의 맏아들입니다.
예수는 창조주 하나님에 의해 4.2주기에 탄생된
창조주의 아들입니다.
예수는 창조주 하나님에 의해 물질세계의 자미원을 열기 위한
대우주의 진화과정에 최적화되어 창조되었습니다.

예수는 창조주 하나님에 의해 19차원의 진동수로 창조된
창조주의 독생자입니다.

예수는 창조주 하나님만이 가지고 있는 종합적 사고조절자가 부여되어
창조된 창조주의 유일한 독생자입니다.

예수는 하늘에서 가장 높은 자리인
창조주의 빛 144,000의 빛을 관리하는 총책임자로 있습니다.
예수는 하늘에서 신녀 그룹과 신관 그룹을 총괄하는 책임자입니다.

예수는 4.2주기에 창조되어
창조주 측근에서 창조주를 보좌하는 역할을 수행하였습니다.
예수는 바늘 가는데 실이 가듯
창조주께서 계시는 어느 곳이든 함께하였으며
창조주를 최측근에서 보좌하였습니다.

예수는 6.3주기에
우리 은하인 네바돈 우주의 창조주로 부임되었습니다.

예수는 은하들을 관리하는 우주 연합 사령관을 겸하고 있습니다.
예수가 탑승하고 있는 함선을 피닉스호라고 합니다.
예수를 우주에서는 사난다 임마누엘 또는
크라이스트 마이클이라고 합니다.

예수는 6.5주기에 하늘에서 천사들의 반란이 일어나자
반란군을 진압하는 총사령관으로 활동을 하였습니다.

하늘에서 천사들의 반란을 일으킨 천사들이 쫓기고 쫓겨
지구 행성으로 총집결하자
예수는 6.7주기에 테라 프로젝트를 위해
지구 행성 가이아 의식으로 부임하였습니다.

하늘에서 천사들의 반란을 해결하기 위해 선정된 감옥행성인
지구 행성에 종교 매트릭스를 설치하기 위해
예수는 3천년 전에 석가모니 부처의 삶을 살았습니다.

하늘에서 천사들의 반란을 해결하기 위해 선정된 감옥행성인
지구 행성에 종교 매트릭스를 설치하기 위해
예수는 2천년 전에 12주영과 함께 육화를 하였습니다.

예수의 12제자들은 예수를 보좌하던 12주영들입니다.

예수는 2천년 전에 하늘에서 있었던
천사들의 반란의 죄를 대속하기 위해
십자가에서 죽임을 당하였습니다.

세례 요한이 예수가 가는 길을 예비하였듯이
예수는 창조주께서 땅으로 내려오시는 그 길을 예비하였습니다.

예수는 창조주의 아들입니다.
예수는 창조주께서 땅위를 걸을 때
자신의 아버지를 증거할 것입니다.

예수는 2천년 전 그때처럼 이적과 기적을 통해
자신이 재림 예수임을 스스로 증거할 것입니다.

재림 예수는 육신의 옷을 입은 창조주와 함께
땅위를 걷게 될 것입니다.

재림 예수는 육신의 옷을 입은 창조주를 도와
지구 행성이 물질세계의 자미원이 되는데 최선을 다할 것입니다.

예수의 시대가 시작되었음을 전합니다.
재림 예수의 시대가 시작되었음을 전합니다.

루시퍼 반란과 예수님의 재림

하늘에서 창조주의 뜻을 이해하지 못한
대규모 천사들의 반란이 있었습니다.
이것이 성경에서는 루시퍼의 반란이라고 기록되어 있습니다.

하늘에서 루시퍼의 반란에 참여한 천사들은 약 38%입니다.
하늘에서 루시퍼의 반란에 참여한 천사들로 인하여
많은 생명체들이 고통을 받았으며
많은 영혼들이 고통을 받았습니다.

하늘에서 루시퍼의 반란은 오래전에 진압되었습니다.
루시퍼의 반란이 진압이 되고 반란에 가담한 천사들에 대한
우주의 사법 재판들이 진행되었습니다.

루시퍼의 반란에 참가한 천사들을 수감하기 위해
지구와 같은 감옥행성 150개가 대우주 곳곳에 설치되었습니다.
우주의 법정에서 판결을 받은 천사들 중
300만 년 이상의 유배형을 받은 중죄인들이
감옥행성인 지구 행성에 수감되어 카르마를 해소하였습니다.

이것이 기독교에서 말하는 원죄의 기원입니다.
이것이 기독교에서 말하는 죄인의 기원입니다.

지구 행성은 루시퍼의 반란을 마무리하기 위해
창조주께서 특별하게 선정한 행성입니다.

하늘에서 일어난 대규모의 천사들의 반란에 책임을 지고
창조주의 패밀리 그룹 중에서 맏아들인 예수님의 십자가 사건이
하늘에서 준비되었습니다.

예수님은 창조주의 맏아들입니다.
예수님의 공식적인 우주적 신분은 네바돈 우주의 창조주입니다.

창조주의 맏아들인 예수님께서 천사들의 반란에 책임을 지고
천사들의 죄를 대속하기 위해 육화가 결정되었습니다.

창조주의 맏아들인 예수님께서
루시퍼의 반란에 영향을 받은 영혼들의 죄를 속죄하기 위해
육화가 결정되었습니다.

창조주의 맏아들인 예수님을 통하여
영혼의 소멸판정을 받은 영혼들을 구원하기 위해
종교 매트릭스를 설치하기 위한 하늘의 계획이 준비되었습니다.

창조주의 맏아들인 예수님을 통하여
영혼의 물질 체험이 중지된 영혼들을 구원하기 위해
창조주와 죄를 지은 천사들을 연결해주는 역할이 준비되었습니다.

창조주의 맏아들인 예수님을 통하여
우주의 법정에서 수천만 년의 징역형과 유배형을 받은
영혼들의 죄를 사해주기 위해
창조주와 죄를 지은 영혼들을 연결해주는 역할이 준비되었습니다.

지구 행성은 루시퍼의 반란에 참여한 천사들이
한자리에 모두 모여 인간의 육신의 옷을 입고
카르마를 해소하고 있는 중입니다.

천사들의 반란을 마무리하고
땅에서 하나님의 나라를 건설하기 위해
예수님께서 땅으로 내려와 활동을 시작하셨습니다.

천사들의 반란을 마무리하고
땅에서 하나님의 나라인 자미원을 건설하기 위해
창조주께서 예수님과 함께 땅으로 내려와 활동을 시작하셨습니다.

태초의 언약을 지키기 위하여
천만 대군의 천사 군단과 함께
창조주께서 땅으로 내려오셨습니다.

인간의 육신의 옷을 입은 예수님께서는
지상으로 내려오신 창조주를 보좌하는 역할을 시작하셨습니다.

귀 있는 자들에게 하늘의 복된 소식을 전합니다.

눈 있는 자들은 예수님과 창조주께서 펼치는
이적과 기적을 보게될 것이라

하늘의 시절인연이 있는 인자들은
예수님과 창조주께서 함께 동행하는 것을 보게될 것이라

성령의 은혜를 받는 인자들은
이 땅에 하나님의 나라가 건설되는 과정에 참여하게 될 것이라

성령이 함께하는 인자들은
땅으로 내려오신 예수님과 창조주께서 함께 만드시는
하나님의 나라에 초대받게 될 것이라

땅에서 루시퍼의 반란을 마무리하며

거듭남의 비밀

거듭난다는 것은 영이 새롭게 태어난다는 것을 의미합니다.
거듭난다는 것은 육체가 새롭게 태어난다는 것을 의미합니다.
거듭난다는 것은 영과 육이 창조주로부터
새롭게 조물된다는 것을 의미합니다.

거듭난다는 것은 창조주로부터 창조된 피조물들의 영혼이
새롭게 조물된다는 것을 의미합니다.

거듭난다는 것은 창조주로부터 창조된 피조물들의 육신이
살아있는 상태에서 새롭게 조물된다는 것을 의미합니다.

거듭난다는 것은 창조주로부터 창조된 피조물들의 영혼이
기억과 경험을 가지고 새롭게 업그레이드됨을 의미합니다.

거듭난다는 것은 창조주로부터 창조된 피조물들의 병든 육체가
살아있는 상태에서 창조주의 권능으로
조물이 이루어짐을 의미합니다.

거듭난다는 것은 오래된 영혼이
창조주로부터 새로운 영혼으로 조물된다는 것을 의미합니다.

거듭난다는 것은 아프고 상처입은 영혼이
창조주로부터 새로운 영혼으로 조물된다는 것을 의미합니다.

거듭난다는 것은 우주의 진화에 공이 큰 영에게
창조주께서 새로운 사고조절자와 진리의 영과·거룩한 영과
영 에너지를 부여하여
새로운 영으로 조물된다는 것을 의미합니다.

거듭난다는 것은 영혼의 소멸판정을 받은 원죄를 지은 천사들이
창조주로부터 죄사함을 받는다는 것을 의미합니다.

거듭난다는 것은 원죄를 지은 천사들이
창조주로부터 죄사함을 받아 새로운 영으로 탄생됨을 의미합니다.

거듭난다는 것은 원죄를 지은 천사들이
창조주로부터 죄사함을 받아
새로운 몸으로 조물이 이루어짐을 의미합니다.

거듭난다는 것은 원죄를 지은 천사들이
창조주로부터 죄사함을 받아
영원한 생명을 얻는다는 것을 의미합니다.

거듭난다는 것은 원죄를 지은 천사들이
창조주로부터 죄사함을 받아
영혼이 창조주와 동행할 수 있다는 것을 의미합니다.

거듭난다는 것은 죄를 지은 영혼들이
창조주로부터 죄사함을 받아
영혼의 진화를 다시 시작할 수 있음을 의미합니다.

거듭난다는 것은 죄를 지은 영혼들이
창조주로부터 죄사함을 받아 카르마가 해소됨을 의미합니다.

거듭난다는 것은 죄를 지은 영혼들이
창조주로부터 죄사함을 받아 피조물의 권리를 회복함을 의미합니다.

거듭난다는 것은
온전한 창조주 하나님의 자녀가 됨을 의미합니다.

거듭난다는 것은
땅으로 내려온 온전한 창조주 하나님 나라의
백성이 된다는 것을 의미합니다.

거듭난다는 것은
피조물이 창조주로부터 받을 수 있는 최고의 선물임을 전합니다.

땅으로 내려온 온전한 창조주 하나님의 나라에 들어올
백성은 다음과 같습니다.

돈으로도 못가요 하나님 나라
힘으로도 못가요 하나님 나라

벼슬로도 못가요 하나님 나라
지식으로 못가요 하나님 나라
어여뻐도 못가요 하나님 나라
맘 착해도 못가요 하나님 나라
거듭나면 가는 나라 하나님 나라
믿음으로 가는 나라 하나님 나라
　　　　　—요한 복음 3장 1절~8절

기록의 필요성이 있어
정리의 필요성이 있어
우데카 팀장이 시절인연이 있는
하늘 사람들과 빛의 일꾼들에게 이 글을 전합니다.

거듭나면 가는 나라
하나님 나라에 오신 것을 환영합니다.

생명수의 비밀

보이지 않는 세계에서 빛은 생명이라
물질세계에서 물은 생명의 근본이라
생명수는 영원한 생명을 뜻하는 물질세계에서의 상징의 표식이라

생명수는 창조주 하나님의 숨결을 말합니다.
생명수는 창조주 하나님의 신성을 상징합니다.
생명수는 창조주 하나님의 권능을 상징합니다.

생명수는 창조주 하나님과 피조물 사이의 언약을 상징합니다.
생명수는 창조주 하나님과 피조물 사이의 은총을 상징합니다.
생명수는 창조주 하나님의 생명에 대한 권능의 총합을 말합니다.

생명수는 빛의 몸이 된다는 것을 의미합니다.
생명수는 산 자와 죽은 자를 구분하는 증표를 말합니다.
생명수는 하나님 나라에서
영원한 생명을 얻는다는 것을 말합니다.

생명수를 얻은 자는 새 생명을 얻는 것을 의미합니다.
생명수를 얻은 자는 하나님 나라에 들어갈 수 있음을 의미합니다.
생명수를 얻은 자는 창조주 하나님의 백성임을 의미합니다.

생명수를 얻은 자는
창조주 하나님과 동행한다는 것을 의미합니다.

생명수를 얻는다는 것은
빛의 생명나무의 빛을 받는다는 것을 의미합니다.

생명수를 얻는다는 것은 7개의 양백줄이
새로운 에너지로 활성화된다는 것을 의미합니다.

생명수를 얻는다는 것은
생명연장이 이루어짐을 의미합니다.

생명수를 얻는다는 것은
생명회로도가 새롭게 리셋이 되는 것을 의미합니다.

생명수를 얻는다는 것은
선천지정과 선천지기와 선천지신을
창조주 하나님으로부터 새롭게 공급받음을 의미합니다.

생명수를 얻는다는 것은 새 하늘과 새 땅에 설치된
천기와 지기와 인기에 연결된다는 것을 의미합니다.

생명수를 얻는다는 것은 새 하늘과 새 땅에서
새로운 영혼의 진화가 시작된다는 것을 의미합니다.

생명수를 얻는다는 것은 새 하늘과 새 땅에서
새로운 인생 프로그램이 시작된다는 것을 의미합니다.

생명수를 얻는다는 것은 산 자와 죽은 자를 결정하는
행정명령이 집행됨을 의미합니다.

생명수를 얻는다는 것은 하늘에서 원죄를 지은 영혼들이
창조주 하나님으로부터 죄를 사함 받는
행정명령권이 집행됨을 의미합니다.

생명수를 얻는다는 것은 하늘에서 원죄를 지은 영혼들이
창조주 하나님으로부터 죄를 사함 받고
거듭남을 의미합니다.

생명수를 얻는다는 것은 죄를 지은 영혼들이
창조주 하나님으로부터 죄를 사함 받는
대사면령이 발동됨을 의미합니다.

생명수를 얻는다는 것은 카르마를 지은 영혼들이
창조주 하나님으로부터 죄를 사함 받고
새로운 생명을 얻는다는 것을 의미합니다.

생명수를 얻는다는 것은 하나님 나라에서
자신의 역할과 임무를 부여받았음을 뜻합니다.

생명수를 얻는다는 것은 창조주의 숨결이
인간의 몸에서 가동된다는 행정명령을 의미합니다.

생명수를 얻는다는 것은
하나님 나라에 초대되었음을 증명하는
최종 허가권을 의미합니다.

산 자와 죽은 자를 구분하기 위한
생명수에 대한 창조주 하나님의
행정명령권이 시작되었습니다.

새 하늘과 새 땅에 들어올 인자들에 대한
생명수에 대한 창조주 하나님의
행정명령권이 발동되었음을 전합니다.

후천의 시대에 창조주 하나님과 동행할 생명수에 대한
창조주 하나님의 숨결이 집행되기 시작하였습니다.

생명수에 대한 기록의 필요성이 있어
생명수에 대한 정리의 필요성이 있어
우데카 팀장이 이 글을 기록으로 남깁니다.

스스로 구원하라

온전한 창조주 하나님의 의식으로 탄생된 당신의 신성한 영혼을
심판할 수 있는 존재는 이 우주 어디에도 없습니다.

온전한 창조주 하나님의 의식으로 탄생된 당신의 신성한 영혼을
심판하는 하늘은 이 우주 어디에도 없습니다.

온전한 창조주 하나님의 의식으로 탄생된 당신의 신성한 영혼을
심판할 수 있는 존재는 당신 자신만이 할 수 있습니다.

온전한 창조주 하나님의 의식으로 탄생된 당신의 신성한 영혼을
아무도 심판할 수 없으며
오직 스스로 심판할 수 있다는 것이 천부인권 사상의 본질입니다.

온전한 창조주 하나님의 의식으로 탄생된 당신의 신성한 영혼은
스스로의 선택에 의해 삶과 죽음이 결정될 것입니다.

온전한 창조주 하나님의 의식으로 탄생된 당신의 신성한 영혼은
스스로의 심판에 의해 영혼의 진화 방향이 결정될 것입니다.

온전한 창조주 하나님의 의식으로 탄생된 당신의 신성한 영혼은
스스로의 심판에 의해 영혼의 소멸이 결정될 것입니다.

온전한 창조주 하나님의 의식으로 탄생된 당신의 신성한 영혼의
모순을 스스로 드러내게 하고
스스로 교정할 수 있도록 도와주는 것이 하늘의 역할과 임무입니다.

온전한 창조주 하나님의 의식으로 탄생된 당신의 신성한 영혼의
모순을 스스로 드러내게 하고
스스로 심판할 수 있도록 하는 것이
우주 사법위원회가 하는 역할입니다.

온전한 창조주 하나님의 의식으로 탄생된 당신의 신성한 영혼의
모순을 스스로 드러내게 하고
스스로를 심판할 수 있도록 하는 것이
온전한 창조주 하나님의 사랑입니다.

알곡과 쭉정이를 키질하는 그때가 시작되었노라
산 자와 죽은 자를 구분하는 그때가 시작되었노라

있어야 할 곳에 있게 하고 가야할 곳으로 가게 하기 위한
하늘의 추수가 이제 시작되었노라

모든 영은 스스로를 증명하라
모든 영은 스스로를 구원하라

모든 영혼은 영혼이 신성함을 스스로 증명하라
모든 영혼은 영혼의 신성함을 스스로 증명하고 스스로 구하라

모든 인간천사들은 스스로 천사임을 증명하라
모든 인간천사들은 스스로 천사임을 증명하고 스스로를 구원하라

모든 인간천사들은 창조주 하나님의 자녀임을 스스로 증명하라
모든 인간천사들은 창조주 하나님의 자녀임을
스스로 증명하고 구원하라

모든 인간은 창조주 하나님의 자녀임을 스스로 증명하라
모든 인간은 창조주 하나님 나라의 백성임을 스스로 증명하라

모든 인간은 육신의 옷을 입으신 창조주 하나님과 동행할 수 있는지
스스로 증명하라

모든 인간은 육신의 옷을 입으신 창조주 하나님께서 건설할
하나님 나라의 백성임을 스스로 증명하라

스스로 증명하는 자는 살 것이고
스스로 심판하는 자는 죽을 것이라

스스로 증명하는 자는 반드시 살 것이고
스스로 심판하는 자는 반드시 죽을 것이라

스스로 증명하는 자는 죄사함을 얻게 될 것이며
스스로 심판하는 자
죽음의 골짜기로 향하게 될 것이라

스스로 증명하는 자 영이 거듭나게 될 것이며
스스로 심판하는 자 영의 소멸로 가게 될 것이라

스스로 증명하는 자 영생을 얻게 될 것이며
스스로 심판하는 자 영혼의 소멸이 집행될 것입니다.

기록의 필요성이 있어
정리의 필요성이 있어
우데카 팀장이 이 글을 기록으로 남깁니다.

제5부

구원에 이르는 길

당신의 영혼이 당신의 몸으로 들어오는 순간부터

하늘에서 죄를 짓고 땅으로 쫓겨난 영혼에게 유일한 희망은

땅에서 인간으로 태어나 살고 있는 당신밖에 없습니다.

우주에서 원죄와 카르마를 짓고

지구 행성으로 유배된 영혼에게 유일한 구원자는

땅에서 인간으로 태어나 살고 있는 바로 당신밖에 없습니다.

영생의 비밀
영원한 삶을 사는 사람들

얼음천공이 설치된 지구 행성에서
육신의 옷을 입은 창조주 하나님과 동행하며
죽지 않고 영원한 삶을 살 수 있는 영혼그룹들이 있습니다.

얼음천공이 설치된 지구 행성에서
육신의 옷을 입은 창조주 하나님을 보좌하며
대우주를 경영하며 영원한 생명을 살 수 있는 영혼들이 있습니다.

육신의 옷을 입은 창조주 하나님의 사랑으로
하늘에서 원죄를 지은 천사들이 원죄를 사함 받아
영생을 살 수 있는 영혼그룹들이 있습니다.

육신의 옷을 입은 창조주 하나님의 사랑으로
하늘에서 원죄를 지은 천사들이 원죄를 사함 받아
영이 소멸되지 않고 영생을 살 수 있는 영혼그룹들이 있습니다.

육신의 옷을 입은 창조주 하나님의 사랑으로
하늘에서 원죄를 지은 천사들이 원죄를 사함 받아
영이 소멸되지 않고 영의 모순을 교정하여
영생을 살 수 있는 영혼그룹들이 있습니다.

육신의 옷을 입은 창조주 하나님의 은혜로
하늘에서 원죄를 지은 천사들이 원죄를 사함 받아
영이 소멸되지 않고 영의 재창조를 통해
새로운 영으로 거듭남으로써
영생을 살 수 있는 영혼그룹이 있습니다.

육신의 옷을 입은 창조주 하나님의 은혜로
대우주의 진화에 공이 큰 영혼들에게 우주의 공리가 적용되어
영이 소멸되지 않고
영원한 삶을 살 수 있는 기회가 주어진 영혼그룹들이 있습니다.

지구 행성의 차원상승 과정에
육신의 옷을 입은 온전한 창조주 하나님과 함께하기로 약속된
144,000의 빛의 일꾼들이 있습니다.

후천의 시대에
육신의 옷을 입은 온전한 창조주 하나님을 보좌하며
대우주를 함께 경영하기로 약속된 인자들이 있습니다.

후천의 시대에
육신의 옷을 입은 온전한 창조주 하나님과 동행하며
물질세계의 자미원을 건설하기로 약속된 인자들이 있습니다.

얼음천공이 설치된 지구 행성에서
육신의 옷을 입은 온전한 창조주 하나님과 동행하며

영원한 생명을 살기로 약속된 빛의 일꾼들이
마지막 때에 태어나 살고 있습니다.

얼음천공이 설치된 지구 행성에서
육신의 옷을 입은 온전한 창조주 하나님을 보좌하며
영원한 생명을 살기로 약속된 하늘 사람들이
마지막 때에 태어나 살고 있습니다.

영원한 생명을 살기로 예정된 인자들은
대우주의 진화에 공이 있는 단지파들입니다.

영원한 생명을 살기로 예정된 인자들은
천손민족인 한민족으로 태어난 경험이 많은 단지파들입니다.

영원한 생명을 살기로 예정된 인자들은
실험적으로 얼음천공이 설치된
배달국과 환웅과 단군의 시대를 살면서
물질세계의 자미원을 건설하기 위한 삶을 미리 경험한
특수한 영혼그룹입니다.

영원한 생명을 살기로 예정된 인자들은
육신의 옷을 입은 창조주 하나님께서 주관하시는
아보날의 수여를 위해 준비된
빛의 일꾼들입니다.

얼음천공이 설치된 지구 행성에서
영원한 생명을 살기로 하늘에서 약속된 수는
새 생명기전을 받은 인자들 중에서
6억 5천명이라

기록의 필요성이 있어
정리의 필요성이 있어
우데카 팀장이 이 글을 기록으로 남깁니다.

천년을 살 수 있는 하늘의 시스템 완성

인간의 몸을 호모 사피엔스라고 합니다.

인간의 몸이 하늘에서 창조될 때
창조주께서 생명창조팀에게 5가지 당부가 있었습니다.

◆ **첫번째,**
창조주인 내가 직접 입을 옷이니 목적에 맞게 창조하라

◆ **두번째,**
가장 최고의 감정과 의식을 구현할 수 있도록
최신형 외투로 창조하라

◆ **세번째,**
영혼의 모순이 잘 교정될 수 있도록 창조하라

◆ **네번째,**
카르마를 잘 해소할 수 있도록 창조하라

◆ **다섯번째,**
인간은 상상할 수 있는 모든 것을 다 할 수 있도록 창조하라 인간의 몸은 창조주께서 직접 입을 수 있도록 창조된 외투입니다.

인간의 몸은 얼음천공과 크리스탈 문명에 최적화된 외투입니다.
인간의 몸은 얼음천공과 크리스탈 문명의 조건에서는
3천년 이상을 살 수 있도록 창조되었습니다.

인간의 몸은 자기장 문명에 적합하지 않습니다.
인간의 몸은 자기장 문명에서는 백세를 살기 어렵습니다.

하늘이 땅으로 내려왔습니다.

창조주께서 지구 행성으로 수도를 천도하셨습니다.
지구 행성으로 하늘의 모든 시스템이 내려왔습니다.
지구 행성으로 하늘의 모든 천사들이 내려왔습니다.

창조주께서 인간의 육신의 옷을 입고 땅 위를 걷고 있습니다.

자기장 문명에서 망가진 인간의 생명 기전을
모두 원래대로 복원하라는 창조주의 명령이
하늘의 의사그룹인 라파엘 천사들에게 내려졌습니다.

2023년 1월 4일 하늘의 의사그룹인 라파엘 천사들에 의하여
자기장 문명에서 훼손된 인간의 생명 기전을 모두 복원하는데
성공하였습니다.

2023년 1월 4일
인간의 몸을 천년을 살 수 있는 생명 기전으로 전환하는
하늘의 빛 기전 시스템이 완료되었습니다.

2023년 1월 4일
얼음천공이 지구 행성에 설치가 되면
인간의 몸을 통하여 3천년 이상을 살 수 있도록 하는
하늘의 빛 기전 시스템 또한 완료되었습니다.

인간의 몸을 창조할 때의 모습으로 복원할 수 있는
우주 공학기술과 생명 기전이 완성되었음을 전합니다.

인간의 몸이 죽지 않고 영원히 살 수 있는 생명 기전 역시
완성되었음을 전합니다.

새 하늘과 새 땅에서 살아갈 영혼들에게
하늘의 기쁜 소식을 전합니다.

새 하늘과 새 땅에서 창조주와 동행하기로 약속된 영혼들에게도
하늘의 기쁜 소식을 전합니다.

하늘에서 창조주와 영혼들 사이에 있었던
태고적 신성한 약속이
이곳 지구 행성에서 시작되었음을 전합니다.

새로운 의료 매트릭스가 펼쳐지기 시작하였습니다.
이적과 기적의 질병의 치유가 시작되었습니다.
불치병과 난치병의 치유가 시작되었음을 전합니다.

살아있는 인간의 몸에서
영의 교정이 시작되었습니다.
살아있는 인간의 몸에서
영의 조물이 시작되었습니다.

살아있는 인간의 몸에
사고조절자가 부여되기 시작하였습니다.
살아있는 인간의 몸에
영 에너지 주입과 회수가 가능해졌습니다.

창조주의 권능이 땅위에 펼쳐지기 시작하였음을 전합니다.
창조주 하나님의 나라가 시작되었음을 전합니다.

기록의 필요성이 있어
정리의 필요성이 있어
우데카 팀장이 이 글을 기록으로 남깁니다.

창조주 품으로 돌아온다는 것이 갖는 의미

모든 만물은 창조주의 의식과 연결되어 있습니다.
모든 만물은 창조주의 12단계의 의식과 연결되어 있습니다.

생명체가 의식을 구현하기 위해서는 반드시
창조주 의식과 연결되어야 합니다.
생명체가 높은 의식을 구현하기 위해서는 반드시
높은 단계의 창조주 의식과 연결되어 있어야 합니다.

생명체가 진화한다는 것은
높은 단계의 창조주 의식과 연결된다는 것을 의미합니다.

영혼이 진화한다는 것은
높은 단계의 창조주 의식과 연결된다는 것을 의미합니다.

영혼이 집으로 돌아온다는 것이 갖는 의미는
영혼의 물질 체험을 하는 영혼이 영혼의 진화를 통해
가장 높은 창조주의 의식과 연결된다는 것을 의미합니다.

영혼이 창조주의 품으로 돌아온다는 것이 갖는 의미는
영혼의 물질 체험을 하는 영혼이
가장 낮은 단계의 창조주의 의식부터 체험하면서

가장 높은 창조주의 의식인 12단계에 연결되어
창조주의 의식과 함께 공명한다는 것을 의미합니다.

영혼이 창조주의 품으로 돌아온다는 것은
영혼들의 의식과 창조주의 의식이 인간의 몸에서
서로 만난다는 것을 의미합니다.

영혼이 창조주의 품으로 돌아온다는 것은
영혼들의 의식과 창조주 의식이 1번 양백줄을 통하여
인간의 몸에서 서로 만나
원활하게 소통이 이루어진다는 것을 의미합니다.

영혼이 창조주의 품으로 돌아온다는 것은
영혼들의 의식과 창조주 의식이 만나는 1번 양백줄이
비활성화되어 있다가 활성화된다는 것을 의미합니다.

영혼이 창조주의 품으로 돌아온다는 것은
영혼들의 의식과 창조주 의식이 1번 양백줄을 통하여
인간의 몸에서 서로 만나 소통하면서
창조주와 함께 동행한다는 것을 의미합니다.

모든 생명체들은 창조주의 의식과 연결되어 있습니다.
모든 생명체들은 7개의 양백줄 중에 1번 양백줄을 통하여
창조주의 의식과 연결되어 있습니다.

모든 생명체들의 생명선 중에 가장 중요한 것은
창조주의 의식과 연결된 1번줄입니다.
모든 생명체의 몸에서 1번 생명줄이 끊어지는 것을
죽음이라고 하고 천살(天殺)이라고 합니다.

인간은 9단계에서부터 12단계의 창조주의 의식과 연결되어 있습니다.

영혼의 우주적 신분이 12차원 이하의 모든 영혼들은
9단계의 창조주의 의식과 연결되어 있습니다.

물질계를 졸업한 14차원의 아보날 그룹의 영혼들과
12차원의 빛의 일꾼들은 10단계의 창조주의 의식과
연결되어 있습니다.

창조주 패밀리 그룹 중에 6두품에 해당하는 우주적 신분인
각 차원의 1단계에서부터 12단계의 차원 관리자나
행성 영단 관리자들은 10단계의 창조주의 의식과 연결되어 있습니다.

창조주 패밀리 그룹 중에 진골에 해당되는 우주적 신분인
각 차원의 13단계와 14단계에 있는 차원 관리자들과
행성 영단 관리자들은 11단계의 창조주의 의식과 연결되어 있습니다.

창조주 패밀리 그룹 중에 성골에 해당되는
각 차원의 최고 관리자와 행성 영단의 최고 관리자들은
12단계의 창조주의 의식과 연결되어 있습니다.

창조주 패밀리 그룹중에 성골에 해당되는
17차원의 최고 관리자와 18차원의 12주영들은
12단계의 창조주의 의식과 연결되어 있습니다.

창조주의 의식의 단계 중에 최고 단계인
12단계에 연결된 영혼들을 성골이라 하며
이 영혼들만이 창조주와 접속할 수 있습니다.

창조주의 의식 중에 9, 10단계에 연결된 영혼들은
자신이 속한 차원의 벽을 넘어서는 고차원의 존재들과
접속할 수 없습니다.

창조주의 의식 중에 11, 12단계에 연결된 영혼들은
차원의 벽을 넘어서 자신의 우주적 신분보다 높은
고차원의 존재들과 접속할 수 있습니다.

창조주의 의식 1단계에서 8단계에 연결되어 있는
생명체들은 다음과 같습니다.

광물은 창조주의 1단계 의식과 연결되어 있습니다.

식물 중 달빛을 보고 자라는 을목(乙木)들은
창조주의 2단계 의식과 연결되어
식물체의 몸에서 창조주의 의식을 구현하고 있습니다.

식물 중 태양빛을 보고 자라는 갑목(甲木)들은
창조주의 3단계 의식과 연결되어
나무들의 몸에서 창조주의 의식을 구현하고 있습니다.

작은 곤충들은 창조주의 4단계 의식과 연결되어
곤충들의 몸에서 창조주의 의식을 구현하고 있습니다.

군집 동물이나 어류들은 창조주의 5단계 의식과 연결되어
어류들의 몸에서 창조주의 의식을 구현하고 있습니다.

초식동물들은 창조주의 6단계 의식과 연결되어
초식동물의 몸에서 창조주의 의식을 구현하고 있습니다.

육식동물들은 창조주의 7단계 의식과 연결되어
육식동물의 몸에서 창조주의 의식을 구현하고 있습니다.

몸집이 큰 포식자들은 창조주의 8단계 의식과 연결되어
생명체의 몸에서 창조주의 의식을 구현하고 있습니다.

기록의 필요성이 있어
정리의 필요성이 있어
우데카 팀장이 이 글을 기록으로 남깁니다.

창조주 의식의 활성도와 생사의 갈림길

사람이 죽고 사는 것은 하늘에 달려 있습니다.
사람이 죽고 사는 것은 차크라 가동률에 달려 있습니다.
사람이 죽고 사는 것은 백회 가동률에 달려 있습니다.

사람이 죽고 사는 것에 가장 많은 영향을 주는 것은
창조주 의식의 활성도입니다.

창조주 의식이 활성화되지 않으면 감사함이 나오지 않습니다.
창조주 의식이 활성화되지 않으면 순수함이 나오지 않습니다.

창조주 의식이 활성화되지 않으면 사랑이 나오지 않습니다.
창조주 의식이 활성화되지 않으면 자비가 나오지 않습니다.
창조주 의식이 활성화되지 않으면 연민의 에너지가 나오지 않습니다.

창조주 의식이 활성화되지 않으면 하늘문을 열 수 없습니다.
창조주 의식이 활성화되지 않으면 명문(命門)혈을 열 수 없습니다.
창조주 의식이 활성화되지 않으면 백회(百會)혈을 열 수 없습니다.

창조주 의식이 활성화되지 않으면 차크라를 열 수 없습니다.
창조주 의식이 활성화되지 않으면
차크라 가동률을 높일 수 없습니다.

창조주 의식이 활성화되지 않으면 눈에 보이는 것만을 믿게 됩니다.
창조주 의식이 활성화되지 않으면 눈앞에 이익만을 좇게 됩니다.

창조주 의식이 활성화되지 않으면 의식을 전환할 수 없습니다.
창조주 의식이 활성화되지 않으면 의식이 깨어나기 어렵습니다.

창조주 의식이 활성화되어야 생명력이 충만하게 됩니다.
창조주 의식이 활성화되어야 건전한 의식을 구현할 수 있습니다.

창조주 의식이 활성화되어야 이기심을 버릴 수 있습니다.
창조주 의식이 활성화되어야 타인을 배려할 수 있습니다.

창조주 의식이 활성화되어야 공동체 정신을 발휘할 수 있습니다.
창조주 의식이 활성화되어야 전체의식을 형성할 수 있습니다.

창조주 의식이 활성화되어야 양심이 발현되게 됩니다.
창조주 의식이 활성화되어야 잃어버린 양심을 회복하게 됩니다.

창조주 의식이 활성화되어야 지혜로운 사람이 됩니다.
창조주 의식이 활성화되어야 어떠한 순간에도
인간에 대한 예의를 지킬 수 있습니다.

마지막 때에
창조주 의식의 활성도가 24~32는 되어야
하늘이 준비한 안전지대인 역장에 들어올 수 있습니다.

지구 행성의 차원상승 과정에서
빛의 일꾼들을 돕는 빛의 일꾼 협력자를 하기 위해서는
창조주 의식의 활성도가 최소 33~42는 되어야 합니다.

지구 행성의 차원상승 과정에서
빛의 일꾼의 역할을 하기 위해서는
창조주 의식의 활성도가 최소 43~59는 되어야 합니다.

지구 행성의 차원상승 과정에서
빛의 일꾼들의 수뇌부가 되기 위해서는
창조주 의식의 활성도가 최소 60~72는 되어야 합니다.

지구 행성의 차원상승 과정에서
육신을 입은 창조주를 최측근에서 보좌하기 위해서는
창조주 의식의 활성도가 최소 73 이상은 되어야 합니다.

창조주 의식의 활성도는 인간의 의지로 높일 수 없습니다.
창조주 의식의 활성도는 인간의 노력으로 높일 수 없습니다.
창조주 의식의 활성도는 오직 하늘에 의해서만 높일 수 있습니다.

창조주 의식의 활성도에 의해
인간의 생사가 결정될 것입니다.
창조주 의식의 활성도에 의해
빛의 일꾼들의 임무와 역할이 결정될 것입니다.

창조주 의식의 활성도에 의해
역장의 출입이 결정될 것입니다.

이것이 인간의 목숨이 하늘에 달려 있다는 것을 의미합니다.

하늘의 마음을 품고 있는 인자들의 건승을 빕니다.
진리의 씨앗을 품고 있는 하늘 사람들의 건승을 빕니다.

하늘에 길을 묻고 있는 사람들에게

어떻게 살아야 잘 사는 것인가를 포기하는 순간
우리는 낭만을 잃어버리게 됩니다.

어떻게 살아야 잘 사는 것인가를 포기하는 순간
우리는 길을 잃고 방황을 하게 됩니다.

어떻게 살아야 잘 사는 것인가를 포기하는 순간
우리는 눈에 보이는 것만을 믿게 됩니다.

어떻게 살아야 잘 사는 것인가를 포기하는 순간
머릿속에서 수많은 계산서들이 오고 가게 됩니다.

어떻게 살아야 잘 사는 것인지를 포기하는 순간
끝도 시작도 없는 에고의 미로 속에 갇히게 됩니다.

어떻게 살아야 잘 사는 것인가에 대한 질문을 잃어버리는 순간
우리는 생명의 소중한 가치를 잃어버리게 됩니다.

어떻게 살아야 잘 사는 것인가에 대한 질문을 잃어버리는 순간
내 아이의 행복을 위해서는
이웃집 아이 역시 행복해야 한다는 가치를 잃어버리게 됩니다.

어떻게 살아야 잘 사는 것인가에 대한 질문을 잃어버리는 순간
길거리에 떨어져 있는 휴지 한 장 주울 수 없는 마음으로
정의의 방식으로 세상을 바꾸려고만 하게 됩니다.

어떻게 살아야 잘 사는 것인가에 대한 질문을 잃어버리는 순간
내가 나를 믿지도 못해
바람이 불 때마다 흔들리는 마음으로 세상을 살게 됩니다.

어떻게 살아야 잘 사는 것인가에 대한 질문을 잃어버리는 순간
자신을 잃어버리고
외부에 있는 신을 찾게 됩니다.

어떻게 살아야 잘 사는 것인가에 대한 질문을 포기하는 순간
나를 잃어버리고 타인의 시선을 의식하며 살게 됩니다.

어떻게 살아야 잘 사는 것인가에 대한 질문을 포기하는 순간
물질의 풍요로움으로 채워줄 수 없는 허망함과 공허함의
에너지를 끌어들이게 됩니다.

어떻게 살아야 잘 사는 것인가에 대한 질문을 포기하는 순간
하늘이 땅에 설치해 놓은 천라지망(天羅地網)에 갇혀 버리게 됩니다.

어떻게 살아야 잘 사는 것인가에 대한 질문을 포기하는 순간
하늘이 인간의 마음 속에 심어놓은
하늘의 마음을 잃어버리고 하늘을 잃어버리고 살게 됩니다.

어떻게 살아야 잘 사는 것인가에 대한 질문을 포기하는 순간
내가 누구인지 내가 어디에서 와서
어디로 가고 있는지를 잊어버리고 살게 됩니다.

어떻게 살아야 잘 사는 것인가를 포기하지 않고
하늘에 길을 묻고 있는 사람들에게
우데카 팀장이 당신들의 가슴에 이 글을 전합니다.

어떻게 살아야 잘 사는 것인가에 대한 질문을 잊지 않고
하늘에 길을 묻고 있는 하늘 사람들에게
우데카 팀장이 이 글을 통해
당신들의 가슴에 빛 한 줄기를 전합니다.

어떻게 살아야 잘 사는 것인가에 대한 질문을 포기하지 않고
하늘에 길을 묻고 또 묻고 있는 빛의 일꾼들에게
하늘에서 약속한 태고적 약속이
땅에서 이루어지고 있음을 전합니다.

그때가 시작되었음을 전합니다.

구원의 비밀
하늘과 당신 사이의 아름다운 간격

당신의 영혼이 당신의 몸으로 들어오는 순간부터
당신의 영혼과 당신 사이에 아름다운 간격이 설치되게 됩니다.

당신의 본영과 당신 사이에 하늘이 설치한 아름다운 간격을
누군가는 레테의 강(망각의 강)이라 하였습니다.

당신의 본영과 당신 사이에 하늘이 설치한 아름다운 간격을
누군가는 천라지망(天羅地網)이라고 하였습니다.

하늘과 인간 사이의 아름다운 간격을
누군가는 인간의 숙명이라고 하였습니다.
하늘에서 조물주의 조물작용인 천라지망에 의해
인간의 의식과 감정이 탄생되었습니다.
하늘이 인간과 인간 사이에 설치한 아름다운 간격을
매트릭스라고 하였습니다.

당신의 영혼이 당신의 몸으로 들어오는 순간
하늘과 영혼과 인간 사이의 아름다운 간격을
누군가는 하늘의 도(道)와 땅의 덕(德)이라고도 하였습니다.

당신의 영혼이 당신의 몸으로 들어오는 순간부터

당신의 영혼과 당신 사이에 설치된 아름다운 간격으로 인하여
당신의 영혼은 당신에게 말을 걸 수 없습니다.

당신의 영혼이 당신의 몸으로 들어오는 순간부터
당신의 영혼과 하늘 사이의 아름다운 간격으로 인하여
당신의 영혼은 당신의 몸과 마음을
마음대로 할 수 없게 되었습니다.

당신의 영혼이 당신의 몸으로 들어오는 순간부터
당신의 영혼과 하늘 사이의 아름다운 간격으로 인하여
당신의 영혼은 하늘의 정보 한 자락을
당신에게 줄 수 없게 되었습니다.

당신 영혼이 당신의 몸으로 들어오는 순간부터
당신의 영혼과 하늘 사이의 아름다운 간격으로 인하여
당신의 영혼은 당신이 누구인지 당신이 왜 태어나 살고 있는지를
당신에게 알려줄 수 없게 되었습니다.

당신의 영혼이 당신의 몸으로 들어오는 순간부터
당신의 영혼과 당신 사이의 아름다운 간격으로 인하여
당신의 영혼은 당신의 자유의지로 한 행동들을
지켜보기만 할 수 있을 뿐입니다.

당신의 영혼이 당신의 몸으로 들어오는 순간부터
당신의 영혼과 당신 사이의 아름다운 간격으로 인하여

당신의 영혼은 영혼의 언어인 느낌으로만
메시지를 줄 수 있을 뿐입니다.

당신의 영혼이 당신의 몸으로 들어오는 순간부터
당신의 영혼과 당신 사이의 아름다운 간격으로 인하여
당신 영혼은 당신의 감정과 마음을 통해 당신과 함께할 뿐입니다.

당신의 영혼이 당신의 몸으로 들어오는 순간부터
당신의 영혼과 당신 사이의 아름다운 간격으로 인하여
당신 영혼은 당신의 의식을 통해 당신과 늘 함께하고 있습니다.

당신의 영혼이 당신의 몸으로 들어오는 순간부터
당신의 영혼과 당신 사이에 하늘이 설치한 천라지망으로 인하여
당신 영혼의 특징은 당신의 개성으로 잘 나타나고 있습니다.

당신의 영혼이 당신의 몸으로 들어오는 순간부터
당신의 영혼과 당신 사이에 하늘이 설치한 천라지망으로 인하여
당신 영혼의 특징은 당신의 재주와 달란트로 잘 나타나고 있습니다.

당신의 영혼이 당신의 몸으로 들어오는 순간부터
당신 영혼과 당신 사이에 하늘이 설치한 천라지망으로 인하여
당신 영혼의 모순은 당신의 성격의 모순으로 그대로 드러나게 됩니다.

당신의 영혼이 당신의 몸으로 들어오는 순간부터
당신 영혼과 당신 사이에 하늘이 설치한 천라지망으로 인하여

당신 영혼의 모순은 당신의 자만과 교만으로 드러나게 됩니다.

당신의 영혼이 당신의 몸으로 들어오는 순간부터
당신 영혼과 당신 사이에 하늘이 설치한 천라지망으로 인하여
당신 영혼의 모순은 그대로 당신의 모순이 됩니다.

당신의 영혼이 당신의 몸으로 들어오는 순간부터
당신의 모순의 기원은 당신 영혼의 모순이라

당신의 영혼이 당신의 몸으로 들어오는 순간부터
당신의 영혼을 도와줄 수 있는 존재는
이 우주에서 인간의 육신을 입고 있는 당신밖에 없습니다.

당신의 영혼이 당신의 몸으로 들어오는 순간부터
당신 영혼의 모순을 해결할 수 있는 존재는
이 우주에서 인간으로 태어나 살고 있는 당신밖에 없습니다.

당신의 영혼이 당신의 몸으로 들어오는 순간부터
당신의 영혼을 진화시킬 수 있는 존재는
이 우주에서 인간으로 태어나 살고 있는 당신밖에 없습니다.

당신의 영혼이 당신의 몸으로 들어오는 순간부터
하늘에서 죄를 짓고 땅으로 쫓겨난 영혼에게 유일한 희망은
땅에서 인간으로 태어나 살고 있는 당신밖에 없습니다.

당신의 영혼이 당신의 몸으로 들어오는 순간부터
우주에서 원죄와 카르마를 짓고
지구 행성으로 유배된 영혼에게 유일한 구원자는
땅에서 인간으로 태어나 살고 있는 바로 당신밖에 없습니다.

이것이 구원의 비밀이라

원죄로 발생한 영혼의 모순이 해결되는 것이 영혼의 구원이라
카르마로 발생한 영혼의 모순은
신이 대신 해결해 줄 수 있는 것이 아닙니다.
창조주의 신성인 양심을 잃어버린 영혼의 모순은
하늘이 대신 해결해줄 수 없음이라
영혼의 물질 체험 과정에서 발생한 영혼의 모순은
오직 인간으로 태어나 살고 있는 당신만이
본영의 모순을 해결할 수 있음이라

이것이 거듭남의 비밀이라

이것이 이 우주에서 당신이 소중한 이유이며
이것이 지금 당신이 태어나 살고 있는 이유이며
이것이 당신의 영혼이 특별한 이유입니다.

이것이 영혼의 물질 체험을 하고 있는
모든 영혼들이 운명이며 숙명이라

당신 영혼과 당신 사이에 아름다운 간격이 있기에
당신의 영혼은 진화할 수 있음이라

당신 영혼과 하늘 사이에 아름다운 간격이 있기에
당신의 영혼은 끝도 시작도 없는 영혼의 여행을 할 수 있음이라

당신 영혼과 당신과 하늘 사이에 아름다운 간격이 있기에
당신은 인간의 몸을 통해 영혼의 물질 체험을 할 수 있음이라

하늘과 땅 사이에 아름다운 간격이 있기에
하늘의 도와 땅의 덕이 생명 속에 생명진리로 흐르고 있음이라
땅에서 생명이 자라니 생명은 영혼이 피워낸 꽃이라
영혼이 피워낸 꽃 중에 제일은 사람꽃이라

운명의 순간이 찾아올 때

순간의 선택이 10년을 결정하기도 합니다.
한 순간의 선택이 평생을 결정하기도 합니다.

눈 깜짝할 사이에 모든 것이 결정이 됩니다.
찰나의 순간에 내린 결정이 운명을 가릅니다.

운명의 순간이란 늘 한 순간에 일어납니다.
운명의 선택 역시 찰나의 순간에 일어납니다.

운명의 순간이란 삶의 전환점을 말합니다.
운명의 순간이란 에너지의 변곡점을 말합니다.

운명의 순간 속에 인간은 살고 있습니다.
매 순간 순간 운명의 순간 속에 인간의 삶이 있습니다.

한 순간의 선택 속에는
한 인간의 인생이 모두 들어 있습니다.

한 순간의 선택 속에는
한 인간의 역사가 모두 들어 있습니다.

한 순간의 선택 속에는
한 인간의 전생이 모두 들어 있습니다.

한 순간의 선택 속에는
한 영혼의 운명이 들어 있습니다.

한 순간의 선택 속에는
한 영혼의 과거가 모두 들어 있습니다.

한 순간의 선택 속에는
한 영혼의 현재와 미래가 모두 들어 있습니다.

한 순간의 선택 속에는
한 영혼이 남긴 우주의 역사가 들어 있습니다.

한 순간의 선택 속에는
한 영혼이 남긴 우주의 카르마가 들어 있습니다.

한 순간의 선택 속에는
한 영혼이 남긴 우주의 아픈 이야기가 담겨 있습니다.

인연법의 법칙 속에 운명의 순간이 있습니다.
인연법의 법칙 속에 선택의 순간이 있습니다.
에너지의 법칙 속에 운명의 순간이 있습니다.
에너지의 법칙 속에 선택의 순간이 있습니다.

대우주의 수레바퀴 속에 운명의 순간이 있습니다.
대우주의 수레바퀴 속에 선택의 순간이 있습니다.

내가 있어야 할 곳에 있게 하기 위해
운명의 순간이 있습니다.

내가 있어야 할 곳에 있게 하기 위해
선택의 순간이 있습니다.

내가 가야할 할 곳으로 가게 하기 위해
운명의 순간이 있습니다.

내가 가야할 할 곳으로 가게 하기 위해
선택의 순간이 있습니다.

운명의 순간에
당신이 어떤 선택을 하든
아무것도 잘못되는 일이 없도록
우주의 공리는 언제나 순리로써 작용하고 있습니다.

선택의 순간에
당신이 어떤 선택을 하든지
아무것도 잘못되는 일이 없도록
우주의 법칙은 언제나 순리로써 작용하고 있습니다.

당신에게 운명의 순간이 찾아올 때
당신이 어떤 선택을 하든지
아무것도 잘못되는 일이 없도록
우주의 공리는 한 치의 오차없이 작용하고 있습니다.

당신에게 선택의 순간이 찾아올 때
당신이 어떤 선택을 하던지 상관없이
아무것도 잘못되는 일이 없도록
우주의 법칙은 한 치의 오차없이
찰나의 순간에도 작용하고 있습니다.

운명의 순간에 스스로 증명하게 하는 것이
하늘이 일하는 방식입니다.

운명의 순간에 스스로 선택하게 하는 것이
하늘이 일하는 방식입니다.

선택의 순간에 스스로 구하게 하는 것이
하늘이 일하는 방식입니다.

삶과 죽음의 갈림길에서
스스로를 증명하고
스스로를 구하게 하는 것이
하늘이 일하는 방식입니다.

삶과 죽음의 갈림길에서
스스로가 선택하고 스스로가 결정하게 하는 것이
하늘이 일하는 방식입니다.

당신이 어떤 선택을 하든 당신이 무엇을 결정하든
우주에서 잘못되는 일은 아무것도 없습니다.

있었던 일이 없었던 일이 될 수 없습니다.
있었던 일이 없었던 일이 될 수는 없기 때문입니다.

운명의 순간이 찾아올 때
당신에게 아무것도 잘못되는 일은 없을 것입니다.
당신에게 일어날 일은 반드시 일어나게 될 것입니다.

운명의 순간이 찾아올 때
당신에게 아무것도 잘못되는 일은 없을 것입니다.
당신에게 일어날 일은 반드시 일어나게 하는 것이
하늘이 존재하는 이유입니다.

운명의 순간이 찾아올 때
있었던 일이 없었던 일이 될 수는 없습니다.

있었던 일이 없었던 일이 될 수는 없기에
당신에게 일어날 일은 반드시 일어나게 하는 것이
하늘이 존재하는 이유입니다.

함께할 수 없다는 것은

함께하고 있다는 것은
서로가 인연법 속에 있다는 것을 의미합니다.

함께하고 있다는 것은
서로가 같은 의식 속에 있다는 것을 의미합니다.

함께하고 있다는 것은
서로 같은 에너지에 공명하고 있다는 것을 의미합니다.

함께하고 있다는 것은
서로 같은 에너지에 묶여 있다는 것을 의미합니다.

함께하고 있다는 것은
서로 모여 카르마를 해소하고 있다는 것을 의미합니다.

함께할 수 없다는 것은
서로의 인연법이 다했다는 것을 의미합니다.

함께할 수 없다는 것은
서로 가야할 곳이 다르다는 것을 의미합니다.

함께할 수 없다는 것은
서로 있어야 할 곳이 다르다는 것을 의미합니다.

함께할 수 없다는 것은
서로 공명하는 것이 다르다는 것을 의미합니다.

함께할 수 없다는 것은
서로에게 흐르는 에너지가 다르다는 것을 의미합니다.

함께할 수 없다는 것은
그 옛날의 열정이 사라졌음을 의미합니다.

함께할 수 없다는 것은
서로에게 흐르고 있던 그 에너지가 사라졌음을 의미합니다.

함께할 수 없다는 것은
서로에게 공명하던 그 에너지가 사라졌음을 의미합니다.

함께할 수 없다는 것은
서로를 묶고 있던 카르마의 에너지가 사라졌음을 의미합니다.

함께할 수 없다는 것은 이별을 의미합니다.

이별은 새로운 시작을 의미합니다.

함께할 수 없다는 것은 이별의 아픔을 의미합니다.
이별은 새로운 에너지로 전환된다는 것을 의미합니다.

함께할 수 없다는 것은 육신의 죽음을 의미합니다.
죽음은 영혼에게 새로운 몸이 필요하다는 것을 의미합니다.

함께할 수 없다는 것은 육신의 죽음을 의미합니다.
죽음은 영혼에게 새로운 에너지가 필요하다는 것을 의미합니다.

함께할 수 없다는 것은 영혼의 소멸을 의미합니다.
영혼의 소멸은
하늘의 에너지가 공급되지 않음을 의미합니다.

함께할 수 없다는 것은 영혼의 소멸을 의미합니다.
영혼의 소멸은
영혼이 창조목적에 따른 쓰임이 다하여
온전한 창조주 하나님의 품으로 돌아간다는 것을 의미합니다.

영혼백 에너지 정렬

이적과 기적이 몸에서 일어나는 원리

심장이 뛰고 있는 모든 생명체들은
영혼백(靈魂魄) 에너지의 작용에 의해 살고 있습니다.

심장이 뛰고 있는 모든 생명체들은
정기신혈(精氣神血)의 에너지 작용에 의해 살고 있습니다.

생명체들의 몸속에서 일어나는 정기신혈의 작용은
영혼백 에너지의 작용 없이는 일어날 수 없습니다.

생명은 한 호흡에 달려 있습니다.
생명의 호흡은 정기신혈의 생리학적 작용에 의해 펼쳐집니다.
생명체가 감정과 의식을 구현할 수 있는 것은
영혼백 에너지의 작용에 의해 펼쳐지는 것입니다.

영혼백 에너지의 작용이 있기에
인간은 다양한 감정을 느낄 수 있습니다.
영혼백 에너지의 작용이 있기에
인간은 복잡한 감정을 느낄 수 있습니다.
영혼백 에너지의 작용이 있기에
인간은 쾌락을 느낄 수 있습니다.

영혼백 에너지의 작용이 있기에
인간은 다양한 의식을 구현할 수 있습니다.
영혼백 에너지의 작용이 있기에
인간은 고도로 추상화된 의식을 구현할 수 있습니다.
영혼백 에너지의 작용이 있기에
인간은 창의적인 사고를 구현할 수 있습니다.

영은 영의식을 발산합니다.
영이 발산하고 있는 영의식에 맞게 혼 에너지가 세팅됩니다.
영혼이 발산하고 있는 영혼의 의식에 맞게
백 에너지가 세팅됩니다.

영혼백 에너지의 의식을 가장 잘 구현할 수 있도록 창조된 것이
생명체의 외투가 갖는 철학적 의미입니다.

생명체의 외투마다 최적화된 영혼의 의식을 담을 수 있습니다.
생명체의 외투마다 최적화된 영혼의 의식을 구현할 수 있습니다.

생명체의 외투마다 구현할 수 있는 영혼의 의식이 다릅니다.
생명체의 외투마다 구현할 수 있는
영혼의 의식의 스펙트럼이 다릅니다.

생명체의 외투마다 구현할 수 있는 감정의 스펙트럼이 다릅니다.
생명체의 외투마다 구현할 수 있는 의식의 층위가 다릅니다.

생명체가 탄생이 될 때 하늘의 시스템에 의해
영혼백 에너지의 정렬이 이루어집니다.
창조주에 의해 인간의 조물이 이루어질 때
하늘의 시스템에 의해 영혼백 에너지의 정렬이 이루어집니다.

영혼이 지은 원죄로 인하여 조물이 이루어질 때
영혼백 에너지의 정렬에 문제가 생기면
다양한 감정장애가 발생하게 됩니다.

영혼이 지은 원죄로 인하여 조물이 이루어질 때
영혼백 에너지의 정렬에 문제가 생기면
다양한 인지장애가 발생하게 됩니다.

영혼이 지은 카르마로 인하여 조물이 이루어질 때
영혼백 에너지의 정렬에 문제가 생기면
다양한 신체적인 장애가 발생하게 됩니다.

영혼이 지은 카르마로 인하여 조물이 이루어질 때
영혼백 에너지의 정렬에 문제가 생기면
다양한 육체적인 질병이 나타나게 됩니다.

선천의 시대에는 영혼백 에너지의 정렬에 의해
생명체의 외투를 입고 나면
평생동안 그 세팅값으로 삶을 살아야만 했습니다.

선천의 시대에는 원죄로 인하여
모순된 영혼백 에너지의 정렬에 의해 인간이 태어나면
평생동안 정신분열과 인지장애를 가지고 세상을 살 수밖에 없었습니다.

선천의 시대에는 모순을 가진 영혼백 에너지의 정렬에 의해
인간으로 태어나면 평생을 불치병과 난치병의 고통 속에서
삶을 살 수밖에 없었습니다.

후천의 시대에는 땅으로 내려온 금척 시스템에 의해
살아있는 인간의 몸에서 영혼백 에너지의 교체와 함께
영혼백 에너지의 교정을 할 수 있게 되었습니다.

후천의 시대에는 땅으로 내려오신 창조주의 권능에 의해
살아있는 인간의 몸에서 영혼백 에너지의 교체와 교정이
이루어질 수 있게 되었습니다.

인간의 몸에서 영혼백 에너지가 정렬이 이루어진다는 것은
창조주의 권능에 의해 원죄가 씻겨진다는 것을 의미합니다.

인간의 몸에서 영혼백 에너지가 정렬이 이루어진다는 것은
창조주의 권능에 의해 카르마가 씻겨진다는 것을 의미합니다.

인간의 몸에서 영혼백 에너지가 정렬이 이루어진다는 것은
창조주의 권능에 의해 불치병과 난치병이 치유되는
이적과 기적의 질병의 치유가 이루어진다는 것을 의미합니다.

인간의 몸에서 영혼백 에너지가 정렬이 이루어진다는 것은
창조주의 권능에 의해 영혼의 모순이 해결됨과 동시에
육체적인 모순에서 벗어난다는 것을 의미합니다.

인간의 몸에서 영혼백 에너지가 정렬이 이루어진다는 것은
창조주의 권능에 의해 빛의 일꾼들이 빛의 일꾼답게
하늘에 의해 새롭게 조물이 이루어진다는 것을 의미합니다.

영혼백 에너지의 정렬이 이루어진다는 것은
영혼의 모순이 교정되어 새로운 영혼으로 거듭남을 의미합니다.

영혼백 에너지의 정렬이 이루어진다는 것은
영 혼 백 에너지가 교체된다는 것을 의미합니다.

영혼백 에너지의 정렬이 이루어진다는 것은
무병장수와 불로불사의 몸이 탄생되는
생명진리의 시대가 펼쳐짐을 의미합니다.

영혼백 에너지의 정렬이 이루어진다는 것은
불치병과 난치병의 치유가 이루어지는
이적과 기적의 시대가 시작되었음을 전합니다.

땅의 뜻이 하늘에서 이루어지는
창조주의 시대가 시작되었음을 전합니다.
대우주의 기쁜 소식을 우데카 팀장이 전합니다.

영혼의 꽃 한 송이

영혼은 생명입니다.
영혼은 생명의 불꽃입니다.

영혼은 꽃입니다.
영혼은 생명의 꽃입니다.

생명은 영혼이 피워낸 꽃입니다.
인간은 영혼이 피워낸 꽃 한 송이입니다.

영혼마다 꽃이 피는 시기가 다르기에
사람마다 꽃이 피는 시기가 다릅니다.

영혼마다 꽃의 향기가 다르기에
사람마다 뿜어내고 있는 향기가 다릅니다.

영혼마다 꽃의 모양이 다르기에
사람마다 생김새가 다릅니다.

영혼마다 열매를 맺는 시기가 다르기에
사람마다 열매를 맺는 시기가 다릅니다.

영혼마다 맺는 열매가 다르기에
사람마다 쓰임새가 서로 다릅니다.

창조주의 조물작용에 의해
영혼은 꽃 한 송이를 피워낼 수 있습니다.

창조주의 조물작용이 서로 다르기에
영혼이 피울 수 있는 꽃의 종류가 다릅니다.

창조주의 조물 내용이 서로 다르기에
영혼이 피울 수 있는 꽃의 향기가 다릅니다.

창조주의 조물의 시기가 서로 다르기에
영혼마다 꽃을 피울 수 있는 시기가 서로 다릅니다.

지상으로 내려오신 창조주께서
지상의 자미원을 함께 건설하기 위해
육신의 옷을 입고 살고 있는
하늘 사람들의 모순을 해결하기 위해
새로운 영혼의 꽃 한 송이를 피우기 위해
영혼백 에너지에 대한 조물을 시작하셨습니다.

지상으로 내려오신 창조주께서
지구 행성의 차원상승과 한반도에서 아보날의 수여를 위해
빛의 일꾼 144,000명의 모순을 해결하기 위해

새로운 영혼의 꽃 한 송이를 피우기 위해
영혼백 에너지에 대한 조물을 시작하셨습니다.

지상으로 내려오신 창조주께서
창조주와 함께 동행할
하늘 사람들과 빛의 일꾼들이
자신의 임무와 역할에 맞는 업무를 수행할 수 있도록
하늘의 일을 땅에 온전하게 펼칠 수 있도록
새로운 영혼의 꽃 한 송이를 피우기 위해
살아있는 인간에 대한 조물을 시작하셨습니다.

지상으로 내려오신 창조주께서
후천의 시대를 열기 위해
유한한 생명체인 인간의 모순과 한계를 극복하기 위해
영혼이 지닌 모순과 한계를 극복하기 위해
인간의 몸과 영혼에 대한 조물작용을 통해
창조주의 권능을 펼치기 시작하셨습니다.

지상으로 내려오신 창조주께서
지금 무슨 일을 하고 있는지
지금 무슨 일이 일어나고 있는지
기록의 필요성이 있어
정리의 필요성이 있어
우데카 팀장이 이 글을 기록으로 남깁니다.

영혼의 꽃을 피우지 못하는 사람들

영은 창조주로부터 사고조절자를 부여받아 창조됩니다.
영이 창조주로부터 부여받는 사고조절자 안에는
창조주의 의식이 들어 있습니다.
영은 진리의 영과 거룩한 영이라는
사고조절자를 발현시키는 장치와 프로그램에 의해
영의식을 발현합니다.

영에게 부여된 창조주의 의식을 하늘의 마음이라 합니다.
영에게 부여된 창조주의 의식을 진리의 씨앗이라 합니다.
영에게 부여된 창조주의 의식을 영의 모나드 의식이라 합니다.
영에게 부여된 창조주의 의식을 내안의 신성이라고 합니다.
영에게 부여된 창조주의 의식을 양심이라고 합니다.

영이 창조되는 천시원은 무균상태에 비유할 수 있습니다.
영이 창조되는 천시원은 진공상태에 비유할 수 있습니다.
영이 창조되는 천시원은 진동수가 높은 무극의 세계입니다.

천시원에서 창조된 영은 순수합니다.
천시원에서 탄생된 영의식은 청아합니다.
천시원에서 발현된 영의 모나드 의식은 순결합니다.
천시원에서는 진리의 씨앗이 잘 발아가 됩니다.

천시원에서는 양심이 정상적으로 작동이 됩니다.

11차원에서 영과 혼이 결합하여 영혼이 됩니다.
11차원은 16차원의 천시원에 비해 진동수가 낮습니다.
천사들이 물질세계를 여행하기 위해서는
반드시 혼이라는 외투를 입어야 합니다.

천시원에서 탄생한 영이
인간으로 태어나 영혼의 물질 체험을 하기 위해서는
혼이라는 외투와 백이라는 육신의 옷을 입어야 합니다.

영이 영혼이 되고
영혼이 영혼백이 되고
영혼백이 정기신혈이 되는 과정이 생명이 탄생되는 기전입니다.

인간은 태어날 때 하늘로부터 천부인권을 부여받습니다.
인간으로 태어나는 순간 창조주의 동등한 자녀가 됩니다.
인간으로 태어나는 순간 인간은 창조주께서 부여한
사고조절자를 물질세계에 발현시키면서 살아가야 합니다.

인간으로 태어나는 순간
인간은 창조주께서 사고조절자를 통해 부여한
내안의 신성함을 발현시키며 살아야 합니다.
인간은 창조주께서 사고조절자 안에 심어놓은
하늘의 마음으로 살아야 합니다.

인간으로 태어나는 순간
인간은 창조주께서 사고조절자 안에 심어놓은
진리의 씨앗을 꽃 피워야 합니다.
인간으로 태어나는 순간
인간은 창조주께서 사고조절자 안에 심어놓은
양심을 발현하고 보존하면서 살아가야 합니다.

영혼의 물질 체험은 진동수가 낮은 곳에서 즐기는
영혼의 여행이며 영혼에게는 모험입니다.
영혼의 물질 체험은 진동수가 낮은 곳에서
진동수가 높은 사고조절자를 깨우며
내안의 신성을 체험하고 확장하는 것입니다.

영혼의 물질 체험은 영에게는
도시에 살던 사람을 아마존 밀림에서 살게 하는 것과 같습니다.
영혼의 물질 체험은 영에게는
여성으로만 살던 사람을 남성으로 살게 하는 것과 같습니다.
영혼의 물질 체험은 영에게는
번지점프를 처음 하러 가는 사람의 마음과 같습니다.

진동수가 높은 곳에서는 아무 문제가 없던 영혼들이
진동수가 낮은 곳에서 적응하지 못하는 경우들이 있습니다.
진동수가 높은 곳에서는 아무런 문제가 드러나지 않던 천사들이
진동수가 낮은 곳에서는 문제를 일으키는 경우가 있습니다.

진동수가 낮은 물질세계에서 창조주께서 부여한
사고조절자를 온전하게 깨우지 못하는 영혼들이 있습니다.

진동수가 낮은 물질 세상에서 창조주께서 부여한
하늘의 마음을 잃어버리는 영혼들이 있습니다.

진동수가 낮은 물질 세상에서 창조주께서 부여한
내안의 신성을 깨우지 못하는 영혼들이 있습니다.

진동수가 낮은 물질 세상에서 창조주께서 부여한
진리의 씨앗을 꽃 피우지 못하는 영혼들이 있습니다.

진동수가 낮은 물질 세상에서 창조주께서 부여한
영의 모나드 의식이 잘못 발현되는 경우가 있습니다.

진동수가 낮은 물질 세상에서 창조주께서 부여한
양심이 정상적으로 작동되지 못하는 경우가 있습니다.

진동수가 낮은 물질 세상에서 창조주께서 부여한
진동수가 높은 사고조절자가 정상적으로 발현되지 못할 때
이것을 선천적 사고조절자의 오류라고 합니다.

진동수가 낮은 물질 세상에서 창조주께서 부여한
높은 진동수를 가진 사고조절자와
사고조절자를 발현시키는 장치인 진리의 영과

사고조절자를 발현시키는 프로그램인 거룩한 영이
정상적으로 작동되지 못할 때
이것을 본영의 모순이라고 합니다.

진동수가 낮은 물질 세상에서 창조주께서 부여한
높은 진동수를 가진 사고조절자가
정상적으로 작동되지 못하는 이유는 다음과 같습니다.

첫번째
영혼이 낮은 진동수에 잘 적응하지 못하는 경우입니다.
사고조절자는 저절로 깨어나지 않습니다.
낮은 진동수에서 오는 두려움과 공포가
사고조절자의 발현을 어렵게 하는 경우입니다.

두번째
영혼이 물질 체험을 하는 과정에서 발생한
과도한 카르마 에너지장으로 인하여
영의 모나드 의식이 영향을 받게 되는 경우입니다.

영혼은 카르마 균형잡기를 통해 진화합니다.
영혼이 진화하는 동안에 발생한 카르마 에너지는
영혼백 에너지 모두에 영향을 주게 됩니다.

카르마를 관리하고
카르마 균형잡기를 하는 주체는 본영입니다.

본영이 아바타의 카르마 관리에 실패할 경우
본영이 아바타의 카르마 균형잡기에 실패한 경우
과도하게 발생한 카르마 에너지장으로 인하여
인간의 감정과 의식을 구현하는 시스템에 문제가 발생한 경우입니다.

세번째
영은 영 에너지 균형잡기를 통해 의식을 구현합니다.
영 에너지 균형잡기에 실패한 경우
한쪽으로 치우친 에너지를 발현하게 됩니다.

남성으로만 지나치게 육화한 경우
나쁜 역할만을 지속적으로 한 경우
착한 역할만을 지속적으로 한 경우에 해당됩니다.

빛과 어둠의 물질 체험을 균형있게 체험해야 하는데
한쪽의 경험을 지나치게 많이 하게 된 경우
정상적인 사고조절자의 발현이 어렵게 됩니다.

네번째
영혼은 영계에서 영혼백 에너지의 튜닝을 통해 정화됩니다.
영혼들이 영계에서 영혼백 에너지를 치유하고 정화하는데
많은 시간과 에너지들이 필요합니다.

이 과정을 충분하게 거치지 못하고 윤회를 하게 되면
영의식의 발현에 문제가 생기게 됩니다.

다섯번째

물질 체험을 하기 위해 내려온 아바타가

물질 매트릭스를 행성에 설치하러 온 아바타가

자신이 체험하고 있는 것에 너무 심취하거나 도취하여

정상적으로 사고조절자의 발현이 되지 못하는 경우입니다.

영혼의 물질 체험을 하는 과정에서

아바타를 본영이 제대로 관리하지 못하거나 컨트롤 하지 못하고

아바타가 욕망의 화신이 되거나

아바타가 권력의 화신이 되는 경우에 발생합니다.

기록의 필요성이 있어

정리의 필요성이 있어

우데카 팀장이 이 글을 기록으로 남깁니다.

사람꽃

하나의 티끌 속에 우주의 시방세계가 들어 있습니다.
하나의 티끌 속에 우주의 이야기가 담겨 있습니다.
하나의 티끌 속에 우주의 역사가 담겨 있습니다.

하나의 티끌 속에 우주의 시간이 담겨 있습니다.
하나의 티끌 속에 우주의 공간이 담겨 있습니다.
하나의 티끌 속에 우주의 빛과 어둠이 담겨 있습니다.

하나의 티끌 속에 무극의 세계가 담겨 있습니다.
하나의 티끌 속에 태극의 세계가 담겨 있습니다.
하나의 티끌 속에 삼태극의 세계가 담겨 있습니다.

하나의 생명 속에 우주의 들숨과 날숨이 함께 하고 있습니다.
하나의 생명 속에 우주의 모든 차원이 펼쳐져 있습니다.
하나의 생명 속에 우주의 차원의 문이 펼쳐져 있습니다.

하나의 생명 속에 우주의 시간이 흐르고 있습니다.
하나의 생명 속에 우주로 향하는 차원의 문이 있습니다.
하나의 생명 속에 우주의 모습이 축소되어 펼쳐져 있습니다.

하나의 생명 속에 우주의 역사가 담겨 있습니다.

하나의 생명 속에 우주의 카르마가 새겨져 있습니다.
하나의 생명 속에 우주의 미래가 담겨 있습니다.

하나의 생명 속에 우주 창조의 원리가 펼쳐져 있습니다.
하나의 생명 속에 음양의 세계와 오행의 세계가 펼쳐져 있습니다.
하나의 생명 속에 삼양삼음과 육기의 세계가 펼쳐져 있습니다.

하나의 생명 속에 모든 빛이 담겨져 있습니다.
하나의 생명 속에 모든 어둠이 담겨져 있습니다.
하나의 생명 속에 조물주의 신성이 담겨져 있습니다.

하나의 티끌 속에 생명의 씨앗이 담겨 있습니다.
하나의 티끌 속에 생명의 호흡이 담겨 있습니다.
하나의 티끌 속에 생명의 역사가 담겨 있습니다.

하나의 티끌 속에서 생명의 꽃이 피고
하나의 티끌 속에서 생명의 꽃이 지고
하나의 티끌 속에서 생명이 열매를 맺습니다.

생명은 조물주가 빚어 놓은 신성한 불꽃이라
생명은 창조주의 빛으로 창조된 신성의 불꽃이라

생명은 영혼이 피워낸 신성한 불꽃
자연은 영혼들이 피워낸 신성한 꽃들의 전시장
우주에 펼쳐져 있는 삼라만상은

영혼들이 피워낸 꽃들의 전시장이라

꽃 속에 꽃이 피니 생명의 불꽃이라
꽃 속에 꽃이 지니 생명의 꽃이라

꽃 속에 꽃이 피니 자연의 모습이라
꽃 속에 꽃이 지니 자연의 순리가 아니던가

꽃은 무더기로 필 때 더 아름다운 법
꽃 속에 꽃이 피니 사람꽃이 제일이라

최선을 다한다는 것이 갖는 의미

열심히 살면 잘 사는 줄 알았습니다.
나에게 주어진 일에 최선을 다하면 되는 줄 알았습니다.

열심히 하면 되는 줄 알았습니다.
내가 맡은 일에 최선을 다하면 되는 줄 알았습니다.

남들처럼 살면 잘 사는 줄 알았습니다.
남들처럼 살기 위해 최선을 다하면 되는 줄 알았습니다.

남들 하는 것만큼만 하면 잘하는 줄 알았습니다.
남들 하는 것만큼 하기 위해 최선을 다하면 되는 줄 알았습니다.

남보다 잘 살면 되는 줄 알았습니다.
남보다 잘 살기 위해 최선을 다하면 되는 줄 알았습니다.

나에게 주어진 일에 열심히 하기만 하면 잘되는 줄 알았습니다.
나에게 주어진 상황에 맞게 최선을 다하면 되는 줄 알았습니다.

내가 하고 싶은 일을 열심히 하기만 하면 잘되는 줄 알았습니다.
내가 하고 싶은 일에 최선을 다하면 되는 줄 알고 살아 왔습니다.

내가 하기 싫은 일도 열심히 하기만 하면 잘되는 줄 알았습니다.
내가 하기 싫은 일도 최선을 다하면 되는 줄 알고 살아 왔습니다.

잘 살기 위해 매순간 열심히 살아 왔습니다.
잘 살기 위해 매순간 최선을 다해 살아 왔습니다.

매순간 깨어 있으려고 노력하며 살아 왔습니다.
매순간 의식이 깨어 있으려고 최선을 다해 살아 왔습니다.

깨달음을 얻기 위해 열심히 기도를 하면 되는 줄 알았습니다.
깨달음을 얻기 위해
최선을 다해 수행을 하면 되는 줄 알았습니다.

좋은 스승을 믿고 잘 따르면 좋은 스승이 되는 줄 알았습니다.
좋은 스승이 되기 위해 최선을 다하면 되는 줄 알았습니다.

신을 믿고 열심히 기도하면 잘 살 줄 알았습니다.
신을 믿고 정성을 다해 기도를 하면 잘 살 줄 알았습니다.

신을 믿고 기도와 수행을 잘하면
깨달음을 얻을 수 있다고 믿었습니다.
신을 믿고 최선을 다해 기도와 수행을 하면
신을 만날 수 있다고 믿었습니다.

하늘을 믿고 열심히 살면 되는 줄 알았습니다.
하늘을 믿고 최선을 다하면 되는 줄 알았습니다.

자신이 처한 상황 속에서
사람들은 최선을 다해 살아가고 있습니다.

자신의 의식 수준에서
사람들은 최선을 다해 살아가고 있습니다.

인간은 하늘에서 조물한 대로 살아가고 있습니다.
인간은 창조주께서 조물한 대로 살아가고 있습니다.

최선을 다한다는 것은
열심히 하는 것을 의미하지 않습니다.
최선을 다한다는 것은
정성을 다하는 것을 의미하지 않습니다.
최선을 다한다는 것은
잘하는 것을 의미하지 않습니다.

하늘의 입장에서 최선을 다한다는 것은
인간의 마음 속에 하늘이 심어 놓은
양심을 지키기 위해 애를 쓰는 것을 말합니다.

하늘의 입장에서 최선을 다한다는 것은
인간의 마음속에 하늘이 심어 놓은
어짐을 지키기 위해 애를 쓰는 것을 말합니다.

하늘의 입장에서 최선을 다한다는 것은
어떠한 상황 속에서도 인간이 인간을 향해
인간에 대한 예의를 갖추고 대하기 위해 애를 쓰는 것을 말합니다.

참 많은 애를 쓰고 살고 있는 사람들에게
서로가 서로에게 최선을 다하고 있는 인류에게
고마움과 감사함을 전합니다.

2021년 10월
우데카

영생의 비밀 죄사함과 거듭남

2023년 7월 27일 초판 1쇄 인쇄
2023년 8월 15일 초판 1쇄 펴냄

지은이 | 우데카
펴낸이 | 가이아

펴낸곳 | 빛의 생명나무
등   록 | 2015년 8월 11일 제 2015-000028호
주   소 | 충북 청주시 청원구 직지대로 855 2층
전   화 | 043-223-7321
팩   스 | 043-223-7771

ISBN 979-11-89980-18-4 03200
• 잘못된 책은 바꾸어 드립니다.   • 책값은 뒤표지에 있습니다.

이 책은 빛의 생명나무 회원인 이티님의 후원을 통해 출판되었습니다.